国家出版基金项目
NATIONAL PUBLICATION FOUNDATION

丝绸之路青海道丛书

李健胜 主编

风物

青海道

丝绸之路

李言统 李健胜 著

青海人民出版社

图书在版编目（ＣＩＰ）数据

风物青海道 / 李言统 , 李健胜著 . -- 西宁 : 青海
人民出版社 , 2017.4
（丝绸之路青海道丛书 / 李健胜主编）
ISBN 978-7-225-05321-9

Ⅰ . ①风… Ⅱ . ①李… ②李… Ⅲ . ①文化史—研究
—青海 Ⅳ . ① K294.4

中国版本图书馆 CIP 数据核字 (2017) 第 092033 号

丝绸之路青海道丛书

李健胜　主编

风物青海道

李言统　李健胜　著

出　版　人　樊原成
出 版 发 行　青海人民出版社有限责任公司
　　　　　　　西宁市同仁路 10 号　邮政编码：810001　电话：（0971）6143426（总编室）
发行热线　　（0971）6143516 / 6137731
印　　　刷　陕西龙山海天艺术印务有限公司
经　　　销　新华书店
开　　　本　720mm×1010mm　1/16
印　　　张　13
字　　　数　150 千
插　　　页　1
版　　　次　2017 年 6 月第 1 版　2017 年 6 月第 1 次印刷
书　　　号　ISBN 978-7-225-05321-9
定　　　价　28.00 元

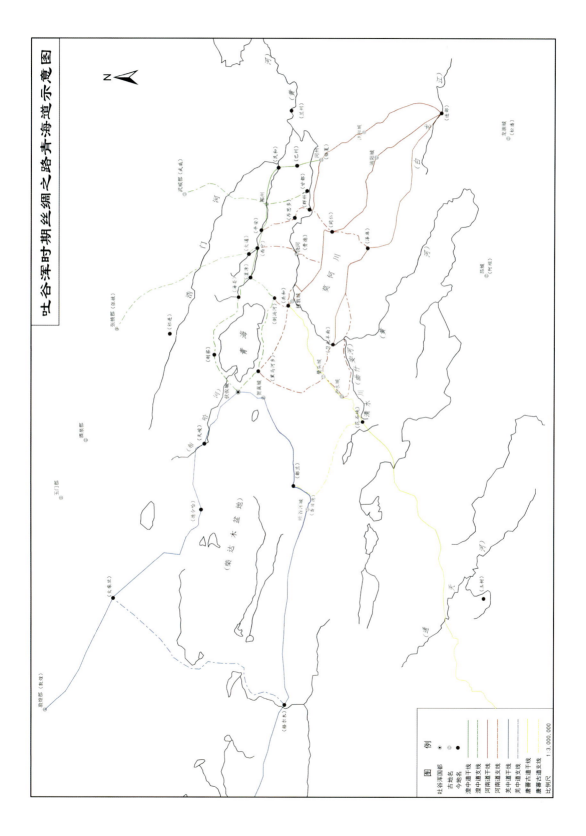

吐谷浑时期丝绸之路青海道示意图

　　德国探险家李希霍芬首次使用"丝绸之路"这一名词以来，丝绸之路的开辟、发展、变迁等问题成为学界长期关注的热点。习近平主席于 2013 年 9 月 7 日在哈萨克斯坦纳扎尔巴耶夫大学演讲时提出建设"丝绸之路经济带"的构想，同年 10 月，习主席访问东南亚，提出与东盟国家共建"21 世纪海上丝绸之路"，2015 年 2 月，"一带一路"建设推进会议在北京召开。在此国家战略背景下，掀起了新一轮研究丝绸之路的热潮。

　　一般而言，丝绸之路是指中国与中亚、东南亚、南亚、西亚、北非、南欧等地相互交往的陆路及海上通道。就陆路丝绸之路而言，通常认为它是张骞通使西域后才开通的，其实，早在远古时期中西间即已开始利用丝绸之路草原道、河西道、青海道等进行经济、文化交流。历史上，丝绸之路青海道又称"羌中道""青海路""吐谷浑路"等，作为陆上丝路的组成部分，一直被认为是两晋时期因河西走廊路线受阻而形成的。实际上，早在距今四五千年前，西羌族群已将丝路青海道国际化，两汉以来，青海北部丝道一直发挥着战备通道的功能，而以"河南道"为主体的南部丝道，则是连通我国西南地区与中亚、西亚的重要贸易通道，具有相对独立的交通功能。

1

根据道路命名的一般通则，结合相关研究成果，我们把青海道的三大干线分别命名为"羌中道""湟中道"和"河南道"。其中，"羌中道"特指柴达木盆地的丝道，"湟中道"是湟水流域自东向西延伸的丝道，"河南道"则指青海境内黄河以南的丝道。三大干线皆有数条重要的支线，比如，"湟中道"支线乐武路、宁张路是连通青海道与河西道的著名丝道，三大干线之间有很多丝道相连，例如，青海湖周围的丝道连通了三大干线，使之在这一区域得以交汇。

历史文献及考古发现证实，青海道曾是一条著名的国际贸易通道，中原丝绸、茶叶等经此丝道输往中亚、南亚等地，中亚、西亚及青海地区的香料、玉石、"师子"、羊毛、马匹等，经青海道各干线运进中原，沿线的西宁、都兰、茶卡、结古等城镇曾经是支撑东西贸易的中继站。青海道曾发挥过重要的政治功能，魏晋南北朝时期，中亚诸国使团经河南道至益州（今四川盆地），借长江水道至建康（今南京），向南朝诸政权纳贡，草原王国吐谷浑亦借此丝道与南朝交好；唐时，文成公主经唐蕃古道入藏，沿线所经包括"湟中道"及"河南道"西线的部分丝道，这条丝道也是唐蕃使团往来的必经之路。青海道也是一条文化交流的大通道，两汉以来，中原儒家文化传播至"湟中道"及"河南道"东线一带，使儒学成为青海与中原地区融通的人文基础；魏晋隋唐时期，中原僧侣借青海道西去取经，西域高僧亦借此道至东土传播佛法，中原佛学蔚为大观，青海道功不可没。此外，青海道还曾发挥过一定的军事功能。

青海道的历史可谓悠久绵长，马家窑文化彩陶，齐家文化玉器，卡约文化青铜器物，都是青海史前文化高度发达的象征。青海道沿线是我国重要的多民族聚居区，羌族、鲜卑、吐蕃、回回等民族，曾在这里书写下辉煌灿烂的民族历史，汉族移民对青海道沿线的开发、利用，极大地促进了当地社会文化的进步、发展，如今，西宁、格尔木等城市的各个角落都散发着浓郁的移民文化气息，处处表征着中华民族多元一体的基本格局。青海道沿线也是典型的多元文化交汇区，儒学、道教、佛教、伊斯兰教融汇于此，不同文化体系的辨识度颇高，彼此间又能建构起水乳交融的亲密关系，至今，这一区域仍是多民族文化资源富集区。回眸青海道的数千年发展史，驿路上传唱的"瞎话"、贤孝，飞针走线间传递的神圣与庄严，东来西往的过客们撒播下的文明种子，都值得当下的人们认真聆听、仰视、反省，因为那里有东西文化交流的生动场景，那里也蕴藏着浩瀚的历史长河中洗练而成的人类智慧。总之，青海道沿线的民族宗教与社会历史、民俗风物与商贸活动等，都是深深刻在这条丝道上的人类印记，它不仅代表了过去的辉煌与荣光，也是探索未来之路的重要资源。

这套丛书分《刻写青海道》《凝眸青海道》《风物青海道》《复兴青海道》四种，分别由青海省丝绸之路经济带研究院青年学人李健胜、刘大伟、李言统、张效科担纲完成，我们试图从历史学、文学、民俗学、经济学等角度研探、回眸、体味青海道，并试图从中汲取复兴青海道的人文与社会资源，既能对学术研究有所贡献，又能挖掘、弘扬沿线民俗文化，也能以文学的感性触动读者心灵。相信该丛书的出版，能够推进和深化有关青海道的学术研究，也能帮助读者朋友更好地感受青海道沿线的历史文化与民族民俗风情。

编者

2016 年 6 月 2 日

目录

1

壹

璀璨湟中道

早在远古时期，东西方文化即在湟中道沿线传播、交融，不管是柳湾彩陶的富丽斑斓，还是喇家遗址的温情脉脉，或是卡约文化的丰富灿烂，都为世人展现了这条著名丝道上传承久远、生生不息的人类文明。作为丝绸之路青海道的重要组成部分，湟中道曾经是东西国际商贸大通道得以畅通的重要保障，尤其是在河西道堵塞的时候，它颇具战备丝道的功能。

自古以来，人类文明碰撞、交汇、融合的湟中道，是多元文化的繁盛之地。早在远古时期，东西方文化即在湟中道沿线传播、交融，不管是柳湾彩陶的富丽斑斓，还是喇家遗址的温情脉脉，或是卡约文化的丰富灿烂，都为世人展现了这条著名丝道上传承久远、生生不息的人类文明。作为丝绸之路青海道的重要组成部分，湟中道曾经是东西国际商贸大通道得以畅通的重要保障，尤其是在河西道堵塞的时候，它颇具战备丝道的功能。同时，湟中道也是一条著名的区域内交通要道，连通了内地中原与青海河湟地区。西汉中期以来，一拨又一拨的汉族群众踏上移民青海的道路，湟中道的干线及数条支线记载了他们艰辛、悲壮的迁徙步伐；魏晋时，鲜卑秃发、慕容等部落过阴山、越陇山，借湟中道徙至青海草原；唐代中期以来，吐蕃民族北上、东进，把藏传佛教文化迁播于此；元明时，来自中亚、西亚的穆斯林也徙居于湟中道沿线。随着历史的演进，湟中道沿线逐步形成汉族、羌藏、鲜卑蒙古、突厥伊斯兰四大族系，[①] 这一民族

---

① 芈一之等主编：《西宁历史与文化》，辽宁民族出版社2005年版，第18—19页。

构成一直延续至今，使河湟地区呈现出"五方杂处，风俗殊异"的人文风貌。

世事沧桑，岁月悠悠，青海道上旅人不绝。商旅驼队、贩夫走卒、官家客商、脚户平民，往来穿梭其中。悠悠驼铃、哒哒马蹄，和着人类对未来无尽的探索精神，为人们演绎了一个个动人的故事。

湟中道作为青海道的重要路段，地处青海河湟地区，是我国西北地区著名的多民族聚居区，汉族、藏族、蒙古族、回族、土族、撒拉族等民族世代生息繁衍于此。历史上由于农耕文化与草原文化在河湟地区相融互补，形成了多元文化的融合和交汇，历史文化、宗教文化和民族文化等多种文化形态，造就了丰富多彩的河湟文化。民间故事、说唱、曲艺、歌谣是河湟文化的重要组成部分，这些传世久远的口头传统，不仅滋养了世世代代生活于此的普通民众，更作为人类文化的活化石保存至今。

曲艺"西宁贤孝"

　　湟中道沿线的城镇、乡村是青海汉族的传统聚居区，它们承载的文化传统与中原有着千丝万缕的联系。究其缘由，主要是因为青海汉族为中原移民后裔，当地的汉文化也来自中原。自两汉以来，汉族移民就沿着秦陇南道溯湟水河道西进，或沿黄河上游山谷向西南方向迁徙，或者沿今武威至乐都、张掖至西宁等丝道自北向南进入青海，寻找适合农耕的定居之所，并把中原地区的宗教信仰、民俗民风等散播于河湟大地。在民族迁徙频仍的河湟地区，中原汉族文化在湟中道的传播与扎根并不是一蹴而就的，直到明代，它才真正植根于此，并逐步成为主体文化。其中，以"贤孝"为代表的曲艺艺术，即是一个汉族移民在河湟地区生息繁衍的人文表征。

"贤孝"是一种历史悠久的说书艺术形式。早在元代，中原已有宣扬孝子故事、传孝说教的"贤孝剧"。明代时，汉族移民将这种艺术形式带至西北地区，并与青海地方曲艺形式相结合，形成了颇具地方特色的曲艺形式，且流传至今，被誉为"文化活化石"。如今，"贤孝"广泛传唱于甘肃临夏、武威，青海西宁等地，按其地域分为"西宁贤孝""河州贤孝""凉州贤孝"等。①

"西宁贤孝"流传于以青海西宁为中心的湟水流域，以演唱孝子贤孙、忠臣良将等劝善内容为主，在长期发展的过程中吸收了一些古老曲艺曲种、小调、小曲等调式，如"老弦""官弦""下弦""莲叶儿落"等。在句式上，除"下弦"调为六字句式（如《林冲卖刀》）外，其余都是以七字句式为基础的上下句结构唱词。其演唱形式颇为灵活，表演时使用的主要乐器是三弦，有时也加奏板胡。二人结伴演唱时多为女弹三弦，男拉板胡；若一人演唱，则怀抱三弦自弹自唱，且不受演出环境的局限，可走街串巷，也可以在庭院茶舍、田间地

---

① 周亮：《试论贤孝的艺术价值、社会功能和传承发展》，《科学·经济·社会》，2009 年第 2 期。

头等场合演唱；也有别人弹三弦伴奏，自己打碰铃演唱的。

"西宁贤孝"的短篇作品称之为"小段儿"，主要有《白猿盗桃》《谭香女苦瓜》《三姐上寿》《芦花记》等五十余篇。长篇作品叫作"大传"，作品有近百部，如《白鹦哥吊孝》(也称《鹦哥经》)、《丑女识宝》、《丁郎找父》、《七人贤》、《油郎与花魁》、《杜十娘》、《房四娘》、《梁山伯与祝英台》、《孟姜女哭长城》等。

"西宁贤孝"的曲艺特点主要是说唱间杂，说的部分叫"白板"，可长可短，有时达百句以上，讲究"刚口"，抑扬顿挫。这些曲目往往以喜闻乐见的历史故事来表达人们的喜怒哀乐，通过歌颂古代英雄、孝子贤孙、节妇烈女、才子佳人等，宣扬为贤行孝、惩恶扬善的价值观。"西宁贤孝"传统曲目《谭香女哭瓜》塑造了孝女谭香女为医治母亲，哭瓜救母的故事，结尾唱道：

口尊："母亲你细听，

母亲你好比风里的灯，

清风儿一吹永无踪；

冤家好比床前的土，

今日扫掉明日有。

母亲你好比早晨的霜，

太阳一晒去无向；

冤家好比路边的草，

人踩马踏照样生。

为母亲病好转还生，

小冤家死了也甘心。"

母亲听言喜泪泼：

"难为了我的小哥哥，

哭活来甜瓜人不信，

孝心胜过宝丹灵。"

（后岔）羊羔儿咂奶双跪膝，

乌鸦也有反哺的义；

谭香女哭瓜救母亲，

美名儿人传到如今。①

"西宁贤孝"积淀了丰厚的传统伦理观念，同时也承载着丰富的民间记忆，它们多取材于由变文俗讲演变而来的说唱文学宝卷，多以佛教故事为主，并与道教、世情相结合，宣讲因果报应，劝人为善。"西宁贤孝"的传承是非家族性的，明清时期，盲人及鳏寡孤独者多从事贤孝曲艺，"养济院"等处是这些民间艺人的栖身之地，也是盲人学艺的最佳场所。近代以来仍维持着这一传统。1949 年后，"西宁贤孝"的演唱活动及民间艺人越来越少。直到 20 世纪 70 年代，随着社会环境的变化，部分"西宁贤孝"艺人及爱好者重又开始了演唱。如今，漫步于西宁的公园、广场，你总能看到一些老者聚在一起，他们或弹或唱，一起演奏着"贤孝"曲艺。演唱者婉约优美的曲调，穿越时空，与河湟汉族祖先在湟中道上的高歌低吟神秘地连接在了一起。

地方小戏数"眉户"

和"西宁贤孝"一样，"眉户"也是一种来自中原地区的地方戏种。"眉户"俗称"迷胡""曲子戏""弦子戏"，因源于陕西的眉县

---

① 青海省西宁市文联编：《河湟民间文学集》（第六集），内部资料，1982 年，第 179 页。

和户县而得名，它也是由汉族移民传播至湟中道沿线城镇及乡村的一种曲艺艺术。明时，设西宁卫下辖河湟大部地区，西宁卫兼理民政，属陕西布政使司。清时，设西宁府管理河湟地区，受甘肃行省辖制。受行政管辖方式影响，明清时期，迁入青海的移民主要是陕西、甘肃一带的汉族，加之当时茶马贸易繁盛，丹噶尔、多巴等城镇的羊毛、牛皮、藏药材等贸易多仰赖陕西商人，这就使得大批陕西、甘肃籍农民、官兵、商贾、民间艺人等接踵而至，"眉户"因此传入青海。据说，早在明万历年间，一个名叫"华庆班"的陕西戏班曾在西宁演出；清中叶以后，河湟百姓在春节期间时常邀请陕西戏曲艺人唱"眉户"；至清末民初，"眉户"与青海的民歌小调结合，受青海方言、风俗习尚等因素影响，形成了与陕西"眉户"不同的演唱风格，逐渐演化为地方特色浓郁的青海"眉户戏"。

青海"眉户"在发展早期，是戏和曲两种演出形式同步进行的。只有一人演唱的叫"眉户戏"，又称"坐唱眉户"；有两三个人化妆表演的叫"走场眉户"。"眉户"曲调分大调和小调。大调的曲调高雅、旋律沉稳、跌宕有致，演唱难度较大，常使用的曲牌有"老龙哭海""黄龙滚""大金钱""悲调"等；小调是一种悦耳上口，易学易唱，比较便于掌握运用，因而广泛传唱的说唱曲调，曲牌有"岗调""莲香""金纽丝""银纽丝""剪灯花"等。

"眉户"的唱腔、曲牌、区域有着鲜明的不同，西宁北川的"眉户"，演唱风格以刚健、明快见长，而南川一带的以柔美、委婉为特点。"眉户"演员以职业或半职业的民间艺人为主，角色主要有"二小"（小旦和小丑）或"三小"（小生、小旦、小丑）。因该戏种一直在民间流行，演员一般没有经过专业发声训练，多用自然嗓音演唱。"眉户"的乐队分文场和武场，早期的乐队极为简单，文场使用的乐器有三弦、笛子、板胡，武场使用的乐器有小锣、铙、盏儿（碰铃）、铰子等。

"眉户"是地方化色彩颇浓的戏种，早期它的唱腔还带有较浓厚的陕西方言，但后来已全然本土化了，这与秦腔有着很大不同。在青海演秦腔，全用陕西秦腔的唱腔、音乐，而"眉户"的吐词造句、念唱道白用的却是青海方言，还吸收了当地的民间小调、平弦音乐等，因此，更加受到河湟百姓的欢迎。

"眉户"曲目多种多样，能够满足观众的不同需求。一般来说，传统剧目善于表现历史题材，基调厚重，情感深沉，如《郑丹哭祠》《秦琼观阵》《单刀赴会》等。有些剧目则着力描绘人民大众的普通生活，擅长以风趣幽默的形式，表现世俗人情，如《张连卖布》《李彦贵卖水》《夫妻观灯》《姐娃招亲》《李华荣推磨》《扬三孝骗骡子》《员外抬轿》等。有些则以细腻柔和、娓娓动听的曲调歌唱才子佳人的爱情故事，如《花亭相会》《婚恋禧》《清风亭》《雪梅吊孝》《秃子闹洞房》等。还有一些将说理寓于戏曲，教化世情，启迪世人，如《小姑贤》《杀狗劝妻》《三娘教子》等。①

总之，"眉户"也是汉族移民在驿路上传唱的一种曲艺形式，它以喜闻乐见、优美动听、活泼多样的艺术形式把中原地区的历史故事、人情世故、道德观念等传播至河湟地区，使得生息于湟中道沿线的汉族移民既能生动地感知来自故乡的文化信息，也让他们在新土地上的生活有了基于悠久传统的自信与魅力，而这无疑都受惠于丝绸之路强大的文化传播功能。

---

① 周尚俊：《青海地方戏曲——眉户戏》，《群文天地》，2011 年第 9 期。

千年"财宝神"

　　香烟喷开南天门，小小财神不安稳；

　　十里路上绕香烟，五里路上灯火红。

　　真人真马真财神，好似关公出曹营；

　　敬表敬香敬财神，三作三揖神棚里请。

　　这是财宝神快要到演出场地时的一段唱词。古人云"君子爱财，取之有道"，人们对钱财的渴望如同对物质的依赖和需求，与生俱来。古人教导大家要有所节制，掌握一定分寸，喜欢正道得到的财物，不要不义之财，更不能豪取强夺。

　　"财宝神"作为一种表演形式，是产生、流传在青海河湟地区汉族及土族群众中的一种集歌舞为一体的民间艺术。它表演时装束奇异，来历颇具传奇，唱词内容丰富，包括神话传说、历史典故、民间节俗等，自古以来生活在丝绸之路湟中道上的广大民众乐于将其演绎和传承。

　　据传，财宝神起源于西汉元帝时代。汉朝初年，匈奴时常侵扰汉境，战火连年，百姓遭殃。为平息战事，汉王朝派遣中郎将苏武前往求和，匈奴单于却扣留了苏武，多次威逼利诱令其归降，苏武始终不愿屈服，单于便将他发配到北海荒漠野地牧羊。苏武在北海期间，渴饮冰雪，饥食毡草，住在猩猩洞里，过着非人的生活。最后与猩猩结合，生下一个浑身长毛的男孩，取名苏金。十九年后汉匈和好，苏武才得以回到中原。其子苏金思父心切，寻到中原，苏武带儿子苏金拜见汉武帝。因苏金相貌丑陋，似人非人，文武大臣都不敢正视，汉皇一见惊得魂飞魄散，下旨将苏金斩首（一说是被扣在金钟底下）。苏金无缘精忠报国，冤屈而死，他的阴魂不散，降灾于凡间，闹得国不太平，民不安宁。汉匈两国为求得社稷安宁，分别册封苏金为"财宝神"和辘轳坛江神报信^①，让他在汉、匈之地接受香火并为天下善良民众送财、送宝、送太平。后来，西天如来也将他封为身附福禄寿三星的真财神。从此，财宝神所到之处，风调雨顺，国泰民安。千家万户也得益于财宝神的恩惠，烟火祭祀，以求生活平安和五谷丰登。救济万民众生的财宝神就这样在民间诞生并流传至今。

民间还流传着另一种说法，据说昭君和亲前已有孕，而且未出世的孩子取名为刘玉龙。但是和亲之路艰险曲折，昭君不幸小产。孩子夭折后，怨气直达天庭，朝野上下都受其滋扰。为令天下太平，汉皇与单于分别设坛祭神，封刘玉龙为"财宝神"、辘轳坛江神报信，受汉匈香灯，西天如来也将其封为身附福禄寿三星的真财神。

不管是苏武牧羊，还是昭君和亲，这种久远的文化记忆连接着现代生活的延续。在表演形式上，财宝神有散唱与正式表演两种。散唱是平日在喜庆宴会上借以助兴、互致吉祥太平的随意唱法。在喜庆的场合，财宝神的表演者既不装扮也不需要隆重邀请，只是通过财宝神的演唱来借酒助兴或借演唱讨客人喜钱的一种形式，整个过程十分简单。正式演出的财宝神表演形式十分严肃，也有很多讲究。民和县的马营、转导等地区，财宝神表演一般是在春节期间与社火一起进行，并起统领作用，演出时间为正月初十到十六。按规矩，需事先以请柬约定时日。请方谓之接财宝神，被邀方谓之送财宝神。迎送场面演唱形式是宾主对唱，且十分注意宾主立场。财宝神与社火队到村庄指定的"愿主家"装扮后，到寺院或庙宇里举行奠酒仪式，并给本庄表演后方可按被邀的顺序分别到各村演出。相比较而言，

① 意即心生慈悲，济救万民。

春节期间与社火一起表演的财宝神是最隆重而正规的演出。

正式演出时，表演财宝神的村庄，先在本村年长者中推举出德高望重的人担任"柱子"，再由"柱子"组织一支由毛老僧、掌灯官、钹鼓手、中郎、腊花等二十余人组成的财宝神队。毛老僧是财宝神的另一种称谓，此扮演者需反穿羊皮袄、披头散发、头插翎毛、怀揣宝物、手拿鸡毛掸子，并自称"老鞑子"或"小鞑子"。掌灯官一般有四个，其他人员多少不定。"财宝神"除在本庄村演出外，邻近村庄有以请柬相邀演出的，需按传统的路线和请柬顺序，在夜晚出庄演出。迎接的村庄在村口设案，队伍以对唱形式行进，到指定的东家大门前时，鸣炮欢迎。毛老僧或掌灯官通过歌唱夸奖大门来"封财门"，这一环节进行完毕后进入院中。毛老僧给东家唱"八件宝贝赏东家"，毛老僧边唱宝物的用途、用法，边将象征摇钱树、扫金帚、打马鞭、捞金笊、紫金果、聚宝盆、琉璃碗、童男女等八件宝物赏给东家，直到赏完最后一个宝物再进入堂屋。随后又是夸奖咏唱堂屋及家具的陈设。然后上炕，演唱者对东家所敬的茶、酒、烟、菜等夸赞一番后，方可享用。这时除毛老僧、掌灯官外的其他演唱人员在院里轮换表演、用餐。宴毕后，演唱者演唱赞颂东家的盛情款待，还对唱《二十八宿》《小财神出门时空不出》等，最后按原路返回。演出过程各地区有所不同，有些地区在"封财门"之后，举行的是"奠酒"仪式，"八件宝贝赏东家"则在宴请结束后才进行。①

在民和马营、满坪、塔城等乡镇一些地方，财宝神演出中都伴有"太傅"。"太傅"又名"掌太傅"，一般由二至四名成年男子扮演。扮演者分别装成红脸、黑脸、白脸和紫脸，面戴长胡须，额上、两

① 马晓晨：《呵护土族文化的瑰宝——访＜财宝神＞的搜集整理者赵永寿》，《中国土族》，2004 年第 4 期。

鬓系着灰褐色折叠伞，身穿红、黑、紫、黄袍，腰系红绸带，且在腰背插着三面小旗，胸戴护心大铜镜，右手擎着有柄灯笼，左手腕系一大铜铃，手里提着一个牛毛刷子。众扮演者脚踩五罡步，随着铜锣声时而舞灯摇铃，时而叉腰高唱，到演出场地后举行降香仪式，跪着唱降香词。降香结束后，还要唱道情、秧歌等。

财宝神的曲目有《三皇五帝》《财宝神根源》《苏武牧羊》《昭君和番》《二十八宿》《农事诗》《告别歌》《备饯歌》等，演唱形式多样，有独唱、对唱、合唱等，但以"一唱众和"为基本形式。相互对唱时讲究你问我答，斗智竞声，引人入胜，唱法类似汉族的对对子，一般是上下两句而且押韵，上句落音以仄声为主，下句落音以平声常见。演唱内容广泛丰富，民间有"财宝神没有本，三年五年唱不完"之说。表演者除了演唱一些基本唱词，如历史故事、神话传说、地方风物、生产生活、祝福恭喜、迎来送往的一些基本唱词外，大多还要应时应景、随机而创，具有很强的口头性与民族性。同时，财宝神因集歌舞于一体，伴有一定的舞蹈动作，但相对而言比较简单。大部分是为配合唱词而做的一些富有节奏感的跳跃动作，跳跃幅度也不大，有时还用手里的拂尘掸子做一些挥舞的动作。可见，漫散于青海湟中道上的财宝神并不单纯指财宝神形象，还包括与这形象有关的一系列表演，是一种集体性、综合性的民间艺术形式。它是这一地区汉族和土族群众智慧与劳动的结晶，表达了人们团结凝聚的民族情感和对未来的美好憧憬，是一种流传久远的精神指向。①

在我国汉族地区，人们广泛供奉着财神。青海河湟地区流布的财宝神不能等同于财神，但是二者却都是送财、送福、送平安和祈

---

① 毕艳君：《甘青河湟地区"财宝神"文化内蕴阐释》，《民族文学研究》，2007 年第 1 期。

求风调雨顺的赐福者，在千百年的民俗文化传承中，都表达着人民群众对福禄双全、平安幸福的祈愿，而呈现多元文化交融场景的财宝神无疑是中原文化借助丝绸之路向西部传播的一个历史印证。

"刀山会里"话宝卷

"麻地沟的刀山，三十年的谣言。"我们常常听当地人说起这里的"刀山"盛会，却不曾见过，但说"谣言"者，并非子虚乌有。在青海民和回族土族自治县西沟乡（原东沟乡）的麻地沟村，一支走向独特的山脉犹如一条巨龙静静沉卧在麻地沟村雄厚的脊背上，当地人称它为"大龙山"，历史悠久的能仁寺就建在"龙头"之上。这里曾举办过数次规模浩大的"刀山会"，而这一切又缘于能仁寺的珍藏之宝——被誉为"中国古老戏剧活化石"的《目连宝卷》。

能仁寺的前身是江苏省南京市秦淮河畔的碧峰寺能仁禅院。相传明洪武年间，原先住在南京珠玑巷的麻地沟先民们，因在欢庆元宵佳节时扮演了大脚马猴的形象而激怒了皇帝朱元璋，最后以讽刺马皇后脚大的罪名，被发配到现在的青海麻地沟。当时，能仁禅院的禅师们看不惯朱元璋对百姓的不仁，与村民们一起来到麻地沟村，建寺院于麻地沟村的大龙山上。而能仁禅院的镇寺之宝《目连宝卷》也随之被带到了麻地沟。[1]20 世纪翻修能仁寺时，人们发现在大雄宝殿左侧两个大梁上，书写着"建于明洪武"的金色字迹，还发现了包藏在梁背上的《目连宝卷》剧本。

---

[1] 王斌林：《演绎在"刀山"上的古老戏剧———民和县非物质文化遗产＜目连宝卷＞采访纪实》，《青海日报》，2007 年 9 月 7 日，第 5 版。

　　麻地沟刀山会源于大型古代戏剧《目连宝卷》。据中国文学史研究学者郑振铎考证，《目连宝卷》是在唐朝说唱文学《目连救母变文》的基础上由民间演唱艺人集体改编、创作而成的大型剧本，肇始于元末，兴盛于明清，是对变文的继承、发展和创新。在麻地沟村《目连宝卷》发现之前，只在国家图书馆中藏有失去了前半部分的《目连宝卷》残本，因此流传于麻地沟村的《目连宝卷》，是目前我国唯一的首尾保存齐全的口传剧本，堪称我国文学史上的瑰宝。

　　剧本《目连宝卷》共十卷，除第九卷原有六册外，其余各卷为一册。20世纪60年代，第五卷和第九卷共七册书被毁。现存的十卷本中，第五卷和第九卷各一册为后来补充，其文字和风格与其他各卷有别，剧情简单，内容也较简略。这十卷是《白云犯戒》《员外上寿》《父子从军》《天仙送子》《员外下世》《刘氏开斋》《青提归阴》《目连出家》《阴曹救母》《刀山地狱》等。该剧以目连救母为主题，以刘氏夫人犯罪上刀山为结局。情节内容曲折复杂，剧情动人，感人泪下，尤其是刀山地狱一节更是惊险、神秘。[①] 其中前九卷在戏台上演出，第十卷在刀山会上演出，主要以刘氏妇人在阳间心存恶念，被惩罚上刀山，打进地狱受苦，其子目连出家得道后，受佛祖的派遣，到地狱救母为主线展开的。而第十卷《刀山地狱》讲述的上刀山的故事则演变成现实当中上刀山的习俗。过去，演出从农历正月十五开始，一直到二月初一，分东度善人、打龙王、刘氏开斋、目连出家、刀山地狱等情节依次展开。

　　麻地沟村珍藏的《目连宝卷》剧情错综复杂，曲折艰辛，形象逼真。据1932年《民和县风土调查记》记载："麻地沟在城西二十

[①] 辛存文、范文翰：《惊验·神秘·骁勇——民和麻地沟刀山会考察实录》，《中国土族》，2001年第4期。

里，三年演剧一次，会聚人民，商贾云集，自正月初一起至十五六日施行，架木为高山，高三丈余，两面各缚马刀六十把，俗称刀山会。上山者刘氏夫人、黄风鬼，刘氏上两次，黄风鬼上一次，人皆观之，似有奇异。"[1]

据记载，清光绪三十四年（1907年）、1916年、1945年先后举办过三次刀山会，最后一次演出迄今已有六十多年。演出时规模宏大，气势雄壮，从开幕到闭幕历经十六天，期间，车水马龙人山人海。据记载，1945年上刀山前来参观的人数达到二十万人次。各地商贾云集，餐饮摊点棋布，各种杂艺齐聚，香烟冲天，灯火昼夜如星，信徒诵经念佛之声此起彼伏。政府派遣军队保护会场维护社会治安。尤其是一百二十把刀做成的刀山，气势雄壮，世所鲜见。剧中角色一百多个，皆由本村村民扮演。声势浩大，是其他剧种所无法比拟的。

在刀山会举行那天，扮演刘氏夫人、黄风鬼的人脱去鞋袜，赤脚向刀山爬去，直至爬完一百二十把刀为止，整个场面惊心动魄，无不为人震惊。整个剧本，以刘氏夫人为核心，演绎她前半生行善到后半生改善从恶，为所欲为，结果受到惩罚的情节，明显具有道德劝化作用。尊老爱幼，尊敬父母是中华民族的传统美德。该剧中，目连为救母克服重重障碍，受尽常人难以承受的折磨，在极端困难的绝境中救母之心坚如磐石，其孝心感动了天地，惩恶扬善、劝化人心的立意明显。

《目连宝卷》源远流长，璀璨夺目，具有极高的文化价值，是中华民族古文化艺术的瑰宝。它随着明初汉族移民沿着丝绸之路一路向西，扎根河湟，最终开出繁盛的戏剧之花，这足以说明丝绸之路

---

[1] 王昱、李庆涛编：《青海风土概况调查集》，青海人民出版社1985年版，第103页。

青海道承载着中原文化西向传播的历史使命。

土族故事歌《祁家延西》

在土族民间，传唱着一首名叫《祁家延西》的故事歌，记载了土族土司祁延西为维护国家统一、疆域完整而不顾年迈体衰，率军抗击敌寇，英勇献身的事迹，表现了土族人民深明大义，维护国家统一的大无畏精神。

据传说，明代时洛阳城被强盗占据，他们欺压百姓，无恶不作，周边农民也不堪其扰，正如诗中所述的那样："洛阳城贼寇造了反，欺压良民恶如山，受苦的百姓受熬煎。"朝廷下诏，谁能攻灭敌寇，即可封官加爵，永享富贵。西宁指挥蔡国柱升官发财心切，就揭了榜文，率兵攻打洛阳。无奈敌寇兵多势众，蔡国柱三次进兵，皆铩羽而归。眼看拿不下洛阳城，蔡国柱生怕朝廷怪罪于他，就三次假传圣旨，让驻守威远镇的祁延西出兵洛阳。祁延西明知用兵洛阳凶多吉少，但为了国家利益，他最终不顾家人劝阻，毅然出征。"出门遇了个秋甲子，连阴带下四十天。"祁延西率兵艰难东行，蔡国柱不仅不帮助义兵，还故意拖延粮草供给，使祁延西兵困荒滩多日。在祁延西的率领下，义兵克服重重困难，巧渡黑水河，智取沙流桥，夜袭洛阳，歼灭敌寇。然而，在凯旋途中，祁延西遭蔡国柱暗算，身中三箭，不幸遇难，而蔡国柱冒领了朝廷封赏。

祁延西之子从小铭记父仇，他苦练武艺，发誓为冤死的父亲报仇。十三岁时，他就率兵攻打蔡国柱。听闻仇家上门，蔡国柱女儿前来应战，祁延西之子屡战屡败，且每次都被活捉。蔡家姑娘觉得祁家孩子虽为仇敌之后，但他英勇果敢，不忍心杀害他，就释放了他。后来，二人约定再战三次，如果祁延西之子不能取胜就得和蔡家姑娘成亲。结果还是三战皆败，且都被俘获。祁延西之子只得答应成亲，但要求和蔡国柱见上一面。蔡家姑娘答应了他的要求，且把父亲绑在后花园，以消除祁延西之子的顾虑。不想，见到蔡国柱后，祁延西之子趁人不备杀了蔡国柱。蔡家姑娘见父亲惨死，十分悲痛，但觉得事已至此，决定不再追究，仍想和祁延西之子成亲。但是，祁延西之子拒绝与仇人之女结婚，他带上父亲的元帅印，上金銮殿，叩见皇上，禀明其父遭蔡国柱杀害的冤情，朝廷查明冤情，赦免其杀害蔡国柱之罪，下诏蔡家姑娘不得再起战事，且封祁延西之子为世袭副总兵。①

《祁家延西》流传的主要地域为互助土族自治县所在地威远镇周围的土族村庄，这里原为祁土司的属地，故事原型是第十一代土司祁秉忠。明朝在边疆地区实行卫所制度，以有效控制、管理边地，今青海土族生息之地也封授了诸多土司，祁土司是其中颇具影响力的一个土司家族。明万历十九年（1519年）祁秉忠袭任西宁卫指挥同知，当时蒙古部落骚乱河湟及河西一带，祁秉忠率族众平乱，因在今西宁南川、西川及河西之战中立下战功，先后擢升为西宁镇海营游击、甘肃永昌参将、凉州副总兵。后官至甘肃总兵官，并加太子少保。明朝末年，祁土司率兵靖边，曾驻守辽阳，《祁家延西》所谓"洛阳"可能是"辽阳"的转音，当然，所记应当是祁秉忠后人事迹，只是叙事诗把这些史实都累加到祁延西身上罢了。

---

① 故事梗概采自鲁占森：《大型土族历史舞剧——祁家延西》，《中国土族》，2003年第4期；乔生华、乔生菊：《土族叙事长诗——祁家延西》，《中国土族》，2005年第2期。

风物青海道

作为一种口头传唱的文学，故事歌《祁家延西》可吟可唱，以唱为主，其演唱形式还受到了"花儿"的影响，采用对唱形式，经过不断加工和创造，其内容也得以丰富、发展。《祁家延西》全诗节奏整齐，旋律有力，基调沉郁悲壮，其艺术形式一定程度上受到汉族文化的影响。在塑造祁家延西这一英雄人物时，以"为了洛阳的老百姓"作为基调，说明曾在湟中道沿线承担护卫边城，确保邮驿畅通等任务的土族土司深受中原文化的影响与感召，自觉实践着儒家精忠报国的价值观。《祁家延西》在土族民众中代代口耳相传，不仅彰显了民族精神和民族气节，也体现了土族民众的国家认同观念。可见，无论是艺术形式，还是蕴含其中的价值观念，《祁家延西》典型地证明了湟中道是一座民族文化交流融通的桥梁，自古以来就发挥着民心相通的文化功能。

第二节

人神际会

俗话说"头顶三尺有神灵",人类的行为只有在诸多神灵的关照、监督下,方能谨小慎微,中规中矩;人类也只有依赖神灵,自己的行为才踏实、稳当。因此,人与神之间的交往,从来就没有中断过。只要你踏上湟中道,你就走进了这样一块神圣的地界,随处都会呈现这样的景观。

在湟中道沿线的镇城、乡村及山川名胜,有诸多关帝庙、药王庙、城隍庙、玉皇阁、土地庙等道观,有瞿昙寺、佑宁寺、塔尔寺等藏传佛教圣地,也有普济寺、九华寺、雷鸣寺、北山寺等汉传佛教寺院。这些道观佛寺中供奉的神祇绝大多数并不起源于本土,而是来自这些宗教诞生或兴起的中原及西藏等地。至今,湟中道沿线仍是道教、汉传佛教、藏传佛教的重要流播区域。多元的宗教信仰,浓郁的宗教氛围,使这条古道显得格外神秘、分外庄严。

七里寺花儿会

七里寺峡里的药水泉，白帐房扎给了九天；

想我的花儿整一年，今日者会场上遇见。

这一首"花儿"，把人们带进青海民和，让人们走进当地一处自然胜景，使听者垂涎，去者忘返，那就是"花儿"里唱的七里寺药水泉。此地不仅以独特的人文景观和天然佳境出名，每年一度的"六月六"花儿会更使它声名远播。

七里寺，位于民和县境内古鄯驿以西的小积石山山麓。这里有一处泉水，因味道独特而远近闻名，当地人称"药水泉"，人们有时用"药水泉"来代称此处的人文景观和天然胜景。当地人要去这里游玩，常说成"浪泉走"。药水泉附近高山耸峙，流水潺潺，风景十分秀丽，北面向阳的半山坡上，建有气势恢宏的药王庙，庙内供奉的除药王孙思邈外，还有文财神和武财神，庙的旁边建有菩萨殿和平安寺。七里寺原名叫慈利寺，是一座藏传佛教寺院，位于民和县古鄯镇地区的旧寺庄村，因距古鄯镇镇政府所在地刚好七里，故俗称"七里寺"。

该寺建于明末清初，主寺为民和县境内的西沟乡白家藏村弘善寺，初为唐尔垣寺的属寺，后来分离出来自成体系，下辖七里寺。七里寺的倡建者是化隆赛支寺的嘛呢巴活佛，信仰者为当地的汉族群众。该寺每年正月十五举行"普度会"，进行大规模的诵经减灾祈福活动，内有佛堂一座，供吉祥天女像，有寺僧若干名。据当地药王庙愿薄记载，七里寺峡药水泉"流源于隋唐时期，因牛饮泉而发现"。《民和县风土调查记》记载："药水泉在城南十里，六月六日人民会集千余，饮水治病，亦有见效，其味涩辣如铜性，商贾云集，人多观游，故谓之胜景。"① 据现代科技检测,药水泉的水质富含四十多种人体所需的微量元素和化学成分,如有吐酸、食少、食滞、贫血等疾患,饮之可以治病,尤其对慢性胃肠炎有神奇疗效。

秀丽的风景,信众颇多的喇嘛寺,神奇的药泉,构成了民间宗教文化生长和传承的特殊地理环境,一年一度的七里寺花儿会,则把宗教信仰、养生文化、休闲文娱及商业交易等融为一体,使七里寺成为青海道上著名的人文汇聚之所。七里寺"花儿"庙会,当地人称为"六月六",在农历六月初六这天,毛家山庄、郭家山、桦林滩等地的群众,在药王庙、菩萨殿里,依照一定的规程,举行一种祭拜当地神灵的活动,以祈求神灵护佑、风调雨顺、五谷丰登。届时,"会头"们到各户收取需用的面油钱财,负责置办需用的东西。到了六月六这一天,由阴阳先生诵经,当地的"嘛呢奶奶"燃灯念经,外地香客也到这里上香祈福,有些人还在药王庙抽签算卦,卜问难事。此时,整个庙宇之上诵声高喧,纸扎飞扬,香雾缭绕,一派人神沟通的神秘庄严景象。上完香后,人们一般要到药水泉喝药水,据说这一天的药水是一年中最好的。

关于七里寺药水泉花儿会,有一个美丽的传说。相传很久以前,药王孙思邈腾云驾雾路过七里寺,发现此处风景优美,使人心醉,他一不小心,身上的葫芦掉下来了,一直滚到山沟。在半坡上,葫芦塞子开了,药水洒了一地,而葫芦钻进一处石缝。一时间,山坡上的草变成了中药材,黄芪、枸杞、柴胡等长得到处都是,石缝里冒出来了一股清泉。当地一个牧童发现其中一头牛每天下山时总要单独行动,不久就长得十分肥壮,于是跟随着这头牛,发现它专门喝

---

① 王昱、李庆涛编:《青海风土概况调查集》,青海人民出版社 1985 年版,第102 页。

这股泉水。牧童也喝了泉水，发现与别的泉水味道不一样，再后来，他发现这股泉水可以治病。之后，泉水能治病的消息不胫而走，人们从四面八方赶来喝水治病。老百姓为了感谢药王爷，就在七里寺附近建了一座药王庙，供人烧香磕头。渐渐地，人们除在此处喝水治病、求神问药外，渐渐地唱起了"花儿"，一些人趁机做起买卖，最终形成了远近闻名的"花儿"会。在"花儿"会上，歌手高唱道：

> 药王庙跟前我烧高香，
>
> 我俩的愿心哈许上；
>
> 五月的端阳上没碰上，
>
> 再盼着六月者会上。
>
> 七里寺峡里的药水泉，
>
> 担子啦担，
>
> 桦木者勺子啦舀干；
>
> 若要我俩的婚姻散，
>
> 老天爷看，
>
> 青冰上开一朵牡丹。
>
> ……

七里寺"花儿"会演唱曲令主要是《直令》《马营令》《梧桐令》等，演唱风格有着鲜明的河州"花儿"特色，说明当地百姓与邻省甘肃民众之间有着亲密的关系，印证了秦陇南道与湟中道之间长久且紧密的文化交往。

总之，药王来到七里寺的传说隐含着中原道教借青海道传播至此的史实，而六月六这一天，四面八方赶来的游客，不仅品尝到了能够治病的泉水，领略了七里寺的迷人美景，同时也欣赏了"花儿"高手们的精彩演唱，这种酬神、养生及娱乐三位一体的宗教文娱活动，使七里寺"花儿"会显得更加神秘、有趣。

瞿昙寺"花儿"会

青海乐都境内有一座至今保存完好的明代藏传佛教寺院，那便是誉为"小故宫"的瞿昙寺。"走了瞿昙寺，北京再甭去"的俗语，不仅道出了这座寺院的汉式建筑风格，更使它远近驰名。

瞿昙寺位于今海东市乐都区城镇向南二十多公里的瞿昙镇上，是西北地区保存较完好的明代藏传佛教寺院。瞿昙寺的开山僧人名叫三剌，明初曾在青海湖的海心山修行，后因协助明军招降青海地区各部族，得到明太祖赏识，资助其在当时西宁卫碾伯南川创建寺院，并于洪武二十六年（1393 年）赐额"瞿昙寺"，是明朝在河湟洮岷地区敕建的第一座藏传佛教寺院。明太祖后，太宗、宣宗和景泰诸朝又多次征调汉族工匠扩建、修葺该寺，使之成为一座具有汉式宫殿建筑风格的藏传佛教名刹。瞿昙寺是典型的家族式传承寺院，从明到清前期，朝廷封赐的净觉弘济大国师和广智弘善大国师这两个名号皆由梅氏家族出身的僧人传袭，成为中央王朝借宗教信仰管理地方社会的重要依凭。[1]

藏族先民原来信奉本教，佛教从印度传入西藏高原后，改变了他们的宗教信仰，藏传佛教在雪域兴起之时，恰逢吐蕃壮大，随着吐蕃势力的北上和东进，藏传佛教借唐蕃古道进入河湟地区。唐蕃古道是一条连接我国中原与西藏以及尼泊尔、印度的古丝绸之路，

---

[1] 白文固、杜常顺等：《明清民国时期甘青藏传佛教寺院与地方社会》，青海人民出版社 2009 年版，第 18—24 页。

它东起于渭河，经秦陇南道接湟中道进入河湟地区，逾日月山转而西南行经今青海海南共和、兴海两县境入果洛州之花石峡，至今果洛的玛多，渡河至今野牛沟，逾巴颜喀拉山，到达今青海玉树称多清水河，折而向西，渡扎曲河，再南下通天河，过杂多县境，渡杂曲河，经杂多县当木曲河流域，西南行至查午拉山，由此进入西藏境内。文成公主进藏之前，唐蕃古道早已被开辟，她进藏后，唐蕃古道成为汉藏民族友好往来，进行政经、文化交流的大动脉。[①] 公元9世纪中叶，吐蕃赞普朗达玛实施灭佛之策，西藏佛教毁于一旦，而地处吐蕃边缘的河湟地区成为藏传佛教灯续之地，藏族历史谓之 "下路弘传"。至明清时期，由高原丝绸之路传播而来的藏传佛教，不仅为藏族群众所信奉，当地的土族、蒙古和部分汉族也信仰该教，瞿昙寺就是坐落在湟中道上的以传播佛法汇聚四方百姓的一座名刹。

具体来说，有一条古丝道名叫 "乐都—邯川道"，其线路由乐都城区西南行至瞿昙寺，再翻越小积石山至化隆巴燕镇，经甘都镇渡黄河至循化，翻大力加山至河州与秦陇南道相接，或从巴燕镇西南行，经隆务河流域南下与西蜀南道相接。[②] 可见，瞿昙寺与古丝绸之路关系甚为密切。

清代中叶以来，随着当地行政建制的变革，人群聚落的变化，藏传佛教的作用逐步淡化，加之丝绸之路的衰落，使得瞿昙寺沉寂了下来，但以该寺为依托的每年一度的 "花儿" 会，却让这里增色不少。

瞿昙寺每年都会举办几次较大的宗教活动，其中农历六月十五这天是较大的一次。此时，正值瞿昙寺香火地——乐都七条沟的农

---

① 崔永红：《文成公主与唐蕃古道》，青海人民出版社 2008 年版，第 25—26 页。
② 张得祖：《丝绸之路青海道经过乐都地区的几条线路考述》，《青海师范大学学报》（哲学社会科学版），2016 年第 5 期。

作物开始泛黄，秋收工作即将开始，趁着农闲，信男善女们怀揣希望，前来进香叩头，祈求神灵护佑。随着时间的推移，一些生意买卖、赛马射箭、杂耍唱戏等世俗的东西，也逐渐渗透到这一神圣的土地中间。天长日久，一个与宗教原旨大相径庭的"花儿"会活动却在佛教大伞的感召与庇护下产生了。

关于瞿昙寺"花儿"会，当地有一则传说，清朝初年，瞿昙寺香客众多，有一年一伙土匪闯来，要掠夺寺院财产。当地群众坚决抗击，保卫寺庙。终因寡不敌众，退入寺内坚守。土匪包围寺庙，切断寺内水粮。面临饥渴的群众中，有一位藏族僧人提议众人高唱"花儿"，以召集人来营救。于是众人连唱两天两夜"花儿"，前来应和的人越来越多，瞿昙寺四周"花儿"此起彼伏，歌声震耳。土匪们以为援兵来到，被这阵势吓跑，瞿昙寺终于解围了。人们又高唱"花儿"以示庆贺，之后便形成了每逢此时一同唱"花儿"的风俗。"花儿"会到十六日夜间才结束，三天里彻夜比赛，欢天喜地，结束时用"花儿"互道告别，相约明年再聚。

瞿昙寺"花儿"会在新城街外的道路两旁举行，十四日拉开序幕，十五日进入高潮，十六日结束。从新城行走到瞿昙寺大殿，整个道路扎满帐篷，道路水泄不通，颇有"车水马龙人如潮"之势。"花儿"会上的参与者，主要以乐都南北山的藏、汉等民族的群众为主，也有其他县乡及甘肃临夏的回族、土族等民众。在演唱曲令上，除当地的《碾伯令》外，还有《白牡丹令》《尕马儿令》《水红花令》《三闪令》《咿呀咿令》等。此外藏族民众喜爱的拉伊在这里也有广泛的表演。其演唱形式有独唱、对唱、联唱等，其中最能体现"花儿"会特色的就是两个阵营的对歌。用汉、藏两种语言搅在一起演唱的"风搅雪花儿"，是瞿昙寺花儿会较独特的演唱形式。

27

大石头根里的清泉儿，

白龙马曲通果格；

我这里想你着没哇格，

你那里曲依果格？

半句用汉语唱，半句用藏语唱，翻译过来就是：大石头根里的清泉儿，白龙马吃水着哩；我这里想你着没法儿，你那里做啥者哩？合辙押韵，巧妙对仗，在"花儿"艺术里表达了对当地文化的认同和亲和。

宗教的旨趣虽超然于世俗，但宗教的功能却是要安抚世俗人心。在瞿昙寺这座著名的人神交流之所，人们感受到的不仅是它曾经有过的优崇与辉煌，还有丝绸之路古道上各民族之间基于共同信仰的交流与融通。如今，瞿昙寺"花儿"会成为各民族群众文化交流的大型舞台，在促进民间物资交流，加强民族文化交流，丰富民众生活等方面发挥着重要作用，因而仍是汇聚、呈现各民族文化的独特空间。

九曲黄河灯会

正月十五，是我国传统的元宵佳节，青海汉族聚居区都要举行灯节，灯节里最有情趣的就是转"九曲黄河灯会"。海东市乐都区七里店九曲黄河灯会是当地元宵灯俗之一，其中蕴涵的五行八卦思想和民间信仰观念是这种游艺得以传承的内在动力。

海东市乐都区七里店九曲黄河灯会在每年的农历正月十四、十五、十六日举办。这三日之中，尤以十五日活动最为盛大。灯会不仅具有当地民间艺术特色，还传承了我国岁时节日文化的精髓，是一种独特的民间艺术形式。

乐都区碾伯镇七里店村与境内李家村、水磨湾村相邻，与马家台村相望，坐落于湟水河南岸，109国道穿村而过，兰西高速绕村而行。因距县城七里，故而得名。由于七里店村历史悠久，因此古人有"先有七里店，后有碾伯镇"之说。灯会每三年举办两次，俗称"三年两头"点灯。每晚7点点灯，当晚约11点结束，整个黄河犹如一片灯海，灯光忽明忽暗，神秘而壮观。

九曲黄河灯因其灯阵曲折绵延如九曲黄河而得名，故又有黄河九曲灯、九曲黄河灯阵、九曲黄河灯会、转九曲等称号。据闻，乐都七里店的黄河九曲灯会起源有两种传说。一说商朝末年，商纣王荒淫无道，姜子牙率领西岐士兵伐纣，纣兵连连败退，商朝大将赵公明不幸丧生。赵公明有三个妹妹，分别是云霄、碧霄、琼霄。三女法力精深，并且分别拥有一件剪仙剪、量天尺和浑元金斗的无上仙器。她们布下黄河阵灯火迷宫，欲为兄长复仇。黄河阵虽然厉害，最终被足智多谋的姜子牙所破。感于赵氏姐妹忠义，姜子牙伐纣成功后封赵公明为财神，三霄姐妹为感应随世仙姑，被追封为送子娘娘、催新娘娘、奶姆娘娘，并设立三霄灵姑神位，令其荣居碧霞宫，执掌剪仙剪和混元金斗，专司人间生育之事。后来，人们模仿三霄娘娘所摆九曲黄河阵图来取悦娘娘，祈求生育。《封神演义》第九十九回有言："混元金斗，即人间之净桶，凡人之生育，据从此化生也。"婴儿降生，先要落在茅厕的净桶里，虽天子圣贤亦在所难免，这样一来，三霄娘娘也就身价倍增。

还有传闻，明代有书生未曾入仕，每日于湟水河南岸游荡。每到河边，总见一妇人在河边哭泣，无限凄楚。一天，书生觉得十分诧异，因为这天妇人不但不哭，反而大笑。书生向前询问原因，妇人说很快就有人来接她，她可以离开了。书生疑惑，深感其中另有玄机，遂决定查个明白。次日清晨，书生即来到河边，偷偷观察。半晌，有一妇人怀抱孩子与丈夫一同来到河边。三人一同过河，刚涉入河心，妇人突然堕入河中，书生一见，惊骇万分，忙大声疾呼"快把人救起"。妇人的丈夫立即跃入水中，救起妻子和孩子，过河而去。书生立即回家。到了第三日，书生又去散步，前日那妇人又蹲在河边哭泣，书生上前问道："你怎么没走？为何又在此地哭泣？"妇人伤心道："昨日替我的人来了，我正要走。但有祥瑞之人呼唤阻挠，将替我之人救走，我不能解脱，只能在此地哭泣。"书生闻得此言，更是证明了心中的疑惑，由此也感到此地为屈死冤魂游荡的不洁不祥之地。书生后来高中进士，加官晋爵，回想起此事，便主张在此地，利用正月十五这个上元天官的诞生节日，举行"九曲黄河灯会"以慰鬼神。

在灯会的准备阶段，七里店的马家台、七里店、李家、水磨湾四村德高望重的老人聚集在一起选出"供代主"，即总头目。安排一些事宜，像邀请灯把式、礼桌、招待员、侍香等。灯把式负责摆灯阵，由其设计并规划出线路。礼桌则是专收香资、公布名单及香资数额的人。侍香专管酥蜡，神前点香以及伺候阴阳。同时，这几个村落以户为单位，按人丁数出灯和灯杆，并划定场地。灯场一般占地约十多亩，在七里店赐福观东约方圆九里的灯场中心。正月十二日，撒路、放线、插杆。灯场主观及灯把式，首先要祭祀土地神和社区神，同时供代主供请轿神三霄娘娘至灯场，请问灯城方位及相法。之后灯把式按九曲黄河阵图所示画出线路。当路线撒至图中紫禁城时，灯场主管献供品、煨桑烟、奠酒祭神、鸣放鞭炮以示庆祝。同时，对灯把式敬酒慰劳。九曲黄河灯会要求极其严格，如灯杆长度、数量、间距、灯位、旗幡数量等。正月十三，栽灯杆，挂旗幡。其布局据说以九宫八卦图演化而来，摆成的灯城按太极生两仪、两仪生四象、四象生八卦、八卦成九宫的阵法来布局。从晚上开始，阴阳先生到紫禁城中心煨桑、化裱、念祭文，请社区神、各家各户的祖先神以及设"亡坛"招亡魂，使社区群众与祖先神、社区神及过往的魑魅鬼蜮等一同欣赏秦腔剧团演出的《升官图》《龙凤呈祥》等吉祥戏。正月十四，白天套灯，晚上开始起灯，在这一期间还要举行大规模的道场，五名阴阳先生身穿五色法衣，诵经三日，祈求五谷丰登、出行平安。与此同时，正月十四，在赐福观内，请来的道士要在庙中布置会场，通过道教斋醮宗教功能，祈求诸神保佑五谷丰登、风调雨顺，安抚村落周围鬼魂，保佑村落不受各种亡魂侵扰。①

青海民间认为转城壕、跑灯城可以消灾祛病、祈福求禄、延年益寿。转灯伊始，首先在东门燃起一堆"旺火"。总管手执五色幡旗，整个队伍步伐缓慢，态度虔诚，先从城壕转起，根据一定的路线，拐过"卍"字进入紫禁城至其中心。游人及香客烧香裱、纸钱，供桌上添香钱，磕头许愿、求子求福；祷告神灵护佑其禳灾祛病、延年长寿、四季平安等。此"虔心"仪式完毕后，队伍又根据路线，拐过一个"卍"字，从西门而出。

正月十六拜灯，亦称送灯。晚上 10 点左右，四村百姓聚集到"紫禁城"中央，燃烧纸钱，祭奠自家祖先，并祷告城隍爷爷差遣"牛鬼马面"、"六丁六甲"（即十二生肖）驱除邪恶。五名阴阳师将做一场法事以达到最终实现天官赐福、地官赦罪、水官解厄的目的。当地还盛行"偷灯"习俗，以求子女。观其色，占验男女，说是红灯生男、绿灯生女。摘灯后忌言语，忌回头，忌灯灭。

---

① 鄂崇荣、隋艺：《移民视野下的河湟灯会仪式与文化内涵——乐都七里店九曲黄河灯会的文化人类学田野调查》，《青海社会科学》，2013 年第 4 期。

七里店九曲黄河灯会是以古老遗存为基础的仪式活动，它是一种建立在我国古代传统《周易》、象数及城隍信仰等之上的民间艺术形式。九曲黄河灯城布局是以九宫八卦的方位演化而来的，是我国古代传统地理学的象数思想的体现，且灯阵的方正规矩与古代人们"天圆地方"的朴素认知观相契合。同时，黄河九曲灯会以一种典型的繁衍子孙的生命象征符号，真实记载了黄河上游人们纳福求吉的精神追求，蕴含着浓厚的信仰意识和生育观念，这种象征神圣世界与世俗世界相互交通的仪式活动，从侧面反映出了湟中道上普通民众深受道教文化影响，用朴实的生活方式和乐观的生活态度践行着古老神秘的宗教文化。①

塔尔寺灯会

每年正月十五元宵夜，蔚蓝的天幕下，皎月当空，在一片宁静祥和的节日气氛里，塔尔寺便迎来了一年一度宗教大法会中的元宵酥油花灯会。这时，塔尔寺的艺僧们以酥油为原料，做出的各式各样的酥油花，供远道而来的游客或信徒们欣赏，祈求吉祥平安，幸福安康，这种民俗活动几百年来从未中止。

塔尔寺是在藏传佛教格鲁派的创始人宗喀巴大师的降生地建造而成的。民间流传着关于塔尔寺来源的圣迹传说，据说宗喀巴诞生后，在剪断脐带滴血的地方了长出一株旃檀树。16 岁时，他步行去西藏深造，之后的二十年时间里，他刻苦学习，精心钻研，遍访各派名僧。

---

① 赵元红：《九曲黄河灯会仪式及其文化象征——以青海乐都七里店"九曲黄河灯会"为个案》，《青海社会科学》，2014 年第 1 期。

为宽慰母亲的思念之情，复信让母亲在自己出生的地方建一座佛塔，见塔如见自己。明洪武十二年（1379 年），大师的母亲按照他信中的指示，在获得广大信徒的支持下，以宗喀巴寄来的狮子吼佛像和生长出来的游檀树为胎藏，建造了一座莲聚塔，这是塔尔寺最早的建筑，其名称也由此而来。后来在此基础上历经扩建，慢慢变成了青海河湟地区信教群众进行宗教信仰活动的重要地方，现已成为全国、全世界著名的宗教信仰、旅游观光的圣地，与西藏的甘丹、哲蚌、色拉、扎什伦布寺和甘肃的拉卜楞寺并称藏传佛教格鲁派六大著名寺院，它的酥油花、壁画、堆绣并称"三绝"，驰名中外，其中又以酥油花为首。

每年塔尔寺如期举行正月大法会活动，参与的僧俗信众很多。元宵夜进行的酥油花灯会是大法会上必不可少的内容。当夜幕降临的时候，酥油花被寺院的喇嘛们一一安放在事先备好的搭花架上，周围经幡高悬，彩布飘动，然后将千万盏酥油灯一起点燃，伴随着悠扬动听的佛教音乐，用酥油塑成的佛像、佛经故事人物以及各种花鸟草虫、山川楼阁，在灯光下愈发显得流光溢彩、艳丽夺目。这时，成千上万的游客、信众在异彩纷呈的花架前，如同置身神话世界，礼敬观瞻，流连忘返，无不为这美妙神奇的艺术所折服。当地老百姓把观赏酥油花称之为"浪会"。届时观光者多达数十万，人山人海，热闹非凡。

清代县令靳昂在《塔尔寺观灯二十四韵》写道：

岁于上元日，搏五色酥油作佛像、楼阁、花鸟、虫鱼，炳耀陆离，备极工巧。层累寻丈，矗若锦屏。下列铜盏酥油灯，参差星布。屏凡二十四，灯以万计。笳鼓动地，幡幢幕天。外藩蒙古及番汉顶礼，有不远数千里来者。附近游人、商贾，蜂屯蚁集。……爰成长律二十四韵:佛国通四极,灯宵记上元。殊方参法象,胜会集蒙番……徘徊凝贮久,相赏各忘言。①

民国年间修《西宁府续志·志余》也记载道:

西宁府附各寺院,每岁元宵节皆燃酥油花灯。其中灯最多而花样最奇者,莫若塔尔寺酥油灯。其花样年年改变,所不变者,唯左右较大之佛像耳。每于一定地点搭彩棚两处,上悬玻璃灯数十对,旁列花架数层,所有庙宇、宫殿、花卉、人物,皆以酥油制成。五光十色,惟妙惟肖。架前燃铜灯百千万盏,光辉相映,笙箫和鸣,远近观者,人如山海。②

酥油花供佛的事迹大概在唐代时就已产生,传说当年文成公主进藏时带去一尊释迦牟尼佛像,供奉在寺院里,藏族信众为表虔诚,便用酥油捏塑成鲜花献于佛前,以示崇敬之心,以后酥油花逐渐成为一种供佛的习俗。但酥油花变成一种大型的集宗教信仰、艺术欣赏、旅游观光为一体的民俗灯会活动,则是在明以后的事。宗喀巴大师在永乐七年(1409年)藏历正月初一至十五日,在拉萨大昭寺主持了大祈愿法会。这次法会是全藏不分教派的一次盛会,参加的僧众有上万人,观光的群众则达数万,这次大法会标志着藏传佛教格鲁派的诞生。据说宗喀巴大师晚上的梦境中出现杂草枯木变成鲜花,荆棘变成明灯的景象。大师醒来后根据梦中内容的暗示,组织僧众用酥油雕塑梦里景象,然后供在噶尔丹寺佛前。可见,酥油花艺术当源于西藏。③此后,格鲁派寺院每年举行正月大法会的时候,正月十五夜的酥油花灯会成为重要内容,而它的北向传播当与唐蕃

① 王昱主编:《青海方志资料类编》(下),青海人民出版社1988年版,第941页。
② 《西宁府续志》"志余",青海印刷局, 1937年铅印本。
③ 马福海:《也谈塔尔寺的酥油花》,《青海民族学院学报》,1989年第2期。

古道有关。

　　由于青海地处高寒，富含高热量的酥油备受青睐，它是将牛奶经过反复搅拌后提纯出的黄白色油脂，是牧民日常生活中必不可少的乳制品。这种油脂凝固成形，柔软细洁，可塑性极强。但酥油却来之不易，打一次酥油至少得三个多小时，而且需要足够数量的牛奶。对于牧民来说，酥油珍贵稀有而倍加珍惜。藏传佛教的信众以为，用自己最珍贵的东西来敬佛，就会得到一定的福报。而且以酥油花供养诸佛菩萨和护法者，可祈福禳灾，祛病去祸，延年益寿，并迅速成就阿耨多罗三藐三菩提功德。因此，每年春节前几个月，酥油花艺人开始将纯净的白酥油，揉以各色石质矿物染料，塑造成各种佛像、人物、花卉、树木、飞禽、走兽，按照神话传说、历史故事、宗教人物等内容，制作成各种样式和图案，以备到时展出。

　　酥油花从西藏传入塔尔寺，僧人们为了更好地再现大师梦境，专门设立花院，有专职的工艺僧人研究制作，相互竞赛。每年农历十月开始，艺僧们开始精心制作。首先由掌握一定佛学学识和绘画技艺的高僧，按一定的主题和故事情节，勾勒出草图，然后由具备油塑技巧的艺僧按照草图进行制作，扎骨架、制胎、敷塑、描金、束形、上盘、开光等。从图案设计到调和酥油，扎绑框架，调色捏塑，描金装饰，都十分讲究，更为让人叹服的是僧人们的精神。酥油的熔点很低，遇热就会熔化，所以制作酥油花的作坊，必须保持在零下七度左右，塔尔寺酥油花一般在头年农历十月着手筹备，以三四个月的时间制作完成，次年正月十五展出。在制作时，艺僧先将手在豌豆面粉中蘸些面粉，以保持双手滑润。每位艺僧跟前还要放置一盆冰凉的清水，盆内盛数枚冰块，在手发热时要在凉水盆内浸泡片刻，以防酥油融化粘手。油塑艺术极其细致复杂，是一项艰苦的劳动，所以担任这种工作的一般是青壮年，他们在师傅的指导下，从事油塑活动。塔尔寺酥油花构图严谨、色彩艳丽、题材丰富，是集宗教性、观赏性、审美性为一体的雕塑艺术，是藏族寺院宗教艺术和民间大众艺术融为一体的珍品，其内容以佛教故事为主，色彩鲜艳，表达了信众对美好生活的热爱以及对宗教圣人的颂扬。几百年来，酥油花艺术灯会以它精湛的雕塑技艺、艳丽多彩的形象内容、持之以恒的宗教精神，成为塔尔寺一大宗教民俗盛事。[①]

直到今天，每年农历正月十五，湟中道沿线的汉族、藏族、土族群众汇聚塔尔寺，参加一年一度的灯会，一些外地游客也慕名前来，烧香敬佛，观赏酥油花。在这人神际会的神圣之所，虔诚的信仰与日常的娱乐交织在一起，共同构成了湟中道上闻名于世的民俗盛会。

① 赵宗福：《塔尔寺酥油花散论》，《民族艺术》，2000 年第 2 期。

第三节

生
活
的
记
忆

再壮丽的人生，在历史的长河中总会烟消云散，但人类生活的印记，总会以各种各样的方式给后来者存下记忆，虽说已褪去了当初的真切，但从人们的坚持和呵护里，我们明白了这就是传统。

在湟中道沿线，人们生活的记忆多与这条丝道上生产、生活技艺的交流、传承有关，如若把这些生活的记忆展示开来，那么河湟百姓的社会生活、世俗人情便会从悠远的时光中流淌而来，流入我们的生活，进入我们的未来。

河湟汉族的丧俗

在汉族民众心目中，通常对先辈去世后举行的丧葬的隆盛、丧仪的繁细和祭祀的规范作为表现孝道的一种重要方式。他们在"活着是人，亡了是神"的信仰观念影响下，对自家祖先神灵怀有复杂的感情，一方面敬畏，一方面怀念，并以祖先的勤勉和辛劳而自勉。数百年来，生息于湟中道沿线的汉族一直承袭着中原地区的丧俗，把汉族特有的鬼神信仰、孝道文化等植根于此。

自古以来，中国就有着复杂的鬼魂观念，认为人死后魂魄就会离开肉体变成鬼，鬼具有非凡的能力和作用，可以决定活着的人的命运。在其基础上又发展出祖先崇拜，祖先崇拜基于死去的祖先的灵魂仍然存在，会影响到现世，并且对子孙的生存状态有一定影响，崇拜的目的是相信去世的祖先会继续保佑自己的后代。在传统的儒家观念中，"忠""孝"是最重要的美德，即使对已经去世的先人，也要像他们依然活着时一样尊敬，在节日中要供奉、祭祀。祖先崇拜的内容可以用"慎终追远"来概括，指慎重地办理父母丧事，虔诚地祭祀远代祖先，对近祖隆重的葬礼属于"慎终"，对远祖丰盈的祭祀属于"追远"。在这些观念的影响之下，便衍生出一系列的丧俗，至今依旧留存在民间社会中。

丧俗是人去世以后，由家庭成员及亲友对逝者举行哀悼和安葬的一系列民间礼俗活动。河湟汉族的丧俗大体相同，整个仪式过程中保持了古老的丧俗活动。整个过程分居丧、报丧、讣告、入殓、戴孝、请亡、守灵、吊唁、验孝、转经、送亡、起灵、安葬等仪式。居丧是为逝者穿戴衣服的礼俗。亲人逝世后，先请家族内或邻居乡友脱去逝者身上的旧衣服，摘去身上的金银首饰等装饰品后，整容、净身、穿戴，逝者身上的衣服讲究穿三、五、七、九、十一、十三件单数棉织寿衣，一般不穿彩色寿衣，加盖纸衣，头裹布纱，口含金银首饰或铜币，在左右手掌上各带六个面饼，俗称打狗饼。然后将逝者安寝在堂屋中临时搭建的床位上，床位由前后两条长凳上面放置一块木板组成，逝者头朝外，脚朝里。放置停当后，在逝者头顶前点燃一盏食油灯，叫长明灯，一直燃到安葬，灵前献上十二个馒头，称倒头盘，一碗五谷颗粒，还有鸡、酒、果品等，点燃九炷香、安挂逝者像，完成灵堂设立。此时孝男孝女按辈分跪拜，一边恸哭逝者，一边焚化冥纸，认为人去世后到了阴间，冥纸就是给阴曹地府鬼卒的领魂费，保佑逝者一路顺风。然后，由左邻右舍或平时在婚丧嫁娶中结成的家屋组织，开始组织操办丧事。安排人员，请礼仪先生、老师傅或阴阳先生、唢呐鼓手等，并赴亲戚家中报丧。

逝者入殓前，由算卜者为其制作"引魂幡"，又名铭旌，是一种长二十多厘米、宽六十多厘米的红长布，用毛笔或金粉在上面写亡人一生的主要功德的旗子，放于灵堂前，而后算卜者手持菜刀掩盖寿棺，以示逢凶化吉，保佑平安，然后在孝眷的悲哭声中烧纸、敬香、磕头、张贴对联。等到礼仪先生一声"起乐"，爆竹声和鼓乐响起，阴阳先生朗读《请亡经》，礼仪先生朗读家中三代人的祭文，同时点燃十三或十五盏路灯，孝男孝女按次接队持灯缓缓向门外走去。至门外后放火烧纸，敬祭品，阴阳先生再朗读祭文请亡回家。而后阴阳先生朗读《渡桥经》，点亮十三盏明灯，给主生的南斗六郎和主死的北斗七星。孝子用一丈六尺白布举起象征的金桥、银桥、奈河桥，再献出镜子、毛巾、白麻线、梳子、篦子、净水，给亡人洗面理发，以表达后人对逝者安慰之情。

人逝世第二天，孝子贤孙剃头披麻戴孝，长子身穿全套麻装、腰系草带、手持丧棒，其他孝子身穿白布衫、孝女身穿蓝布衫，头戴长孝布，脚穿缝麻布鞋，以示成服孝道。为表达孝道，后人昼夜跪在草铺上轮流守护灵柩，以表达深深的哀思和恋恋不舍。验孝是逝者亲属对孝子贤孙为逝者生前生活的评价和总结，来衡量子女对逝者生前关心的程度，并对逝者身着衣衫进行检验。对生前已敬孝道的子女给予表扬，否则会得到严厉的训斥。这个过程青海方言俗称外家讲话，一般逝者若为男性，就请男的姻亲为外家，逝者为女性时就请娘家人。等到讲话完毕，就该给外家或者娘家人戴孝，戴孝结束之后，邀请的老师傅们或阴阳、和尚以及喇嘛开始念经做法事，有的地方还邀请嘛呢奶奶，为亡人念诵"十炷香""灯科经""亡人经"等。

吊唁活动是葬礼中一项隆重的仪式。逝者亲朋好友定会前来吊唁，深表悲痛之情。尤其是已出嫁的姑娘，进门前放声大哭，献羊、献猪、献长纸冥钱、金银斗、白鹤、花圈等祭奠品。当乡邻亲友汇聚在一起时，举行集体吊唁仪式。礼仪先生以辈分称呼依次向逝者朗读祭文，以表达心中忆念之情。在亲友们进食的时候，孝子贤孙其中一位或者两位要到亲友饭桌前，跪礼三叩首，请亲友们进食。

在送葬的头一天下午，孝子孝女及亲友按次排队，在高亢的唢呐声中走向门外跪拜远送，由阴阳先生朗读《送亡经》。此时哭声四起、烟火缭绕。阴阳先生在灵柩的上面题上如同"乾元亨利贞"等类的词。下葬之日凌晨，奏响吹鼓乐，以使唤醒乡邻前来送葬。而后，长子在众人的帮助之下身背棺材头缓步抬出门外，再由八名高大体壮的年轻人高抬灵柩，紧跟手持"领魂幡"的长子，急促地向坟墓而去。

送葬的人们到达墓地，将灵柩安放于墓坑中，孝子将长明灯、五谷坛、清凉伞、馒头、生活器具等祭品放到棺材头上面。礼仪先生朗读安葬祭文，逝者主人先向坟坑送三锨土，而后，众人送土深埋。

总之，河湟汉族的整个丧葬礼仪反映了生者与死者的对话，凝结着一种念祖怀亲的情结，对鬼魂的祭祀所体现的是人类对自然界的敬畏与膜拜。人们观念中与阳界相对的阴界，实际上是在为每一个人构筑一种希望。从这个意义上说，鬼魂祭祀便成了一种对人生的精神补偿。活着的时候，虔诚而又专注地祭祖，死后便可心安理得地回到祖先那里，得到一定的回报。因此灵魂观成为祖先崇拜的媒介，起着制约丧葬礼仪的社会功能，办丧治丧的根源就是寻求依赖感。通过这些仪式，使灵魂得到安息，并感动灵魂产生效应，昭荫后人，使后人对未来充满信心，找到精神的支柱。同时，这种对灵魂的膜拜，加强了血缘的认同，凝聚了同一祖先的后人，对传统教育起着重要的规范作用，实现了祈求丰收，子孙繁衍的双重目的。

无论社会发展如何迅速、世道如何变迁，敬宗祀祖的观念一直在湟中道沿线延续着，中原地区的一些新的丧俗文化也随着新移民的到来，传播到河湟地区，由丝绸之路承载的我国东西部之间的文化交融仍在继续。

大有山的武术

"暖暖远人村，依依墟里烟。"这个处在大山深处的大有山村庄，从远处看去，恬淡自然、自适自足，仿佛与世隔绝。走进这个村庄，你会感觉气氛活跃，这些面朝黄土背朝天的村民，在农闲时节，会在空地上耍会儿武术，在乡亲们的掌声和笑声中，体会武术带给他们的快乐。

湟中县北部海子沟乡，由于山大沟深、坡陡路窄、交通不便、信息相对闭塞、人口居住分散，这里一直是湟中县经济发展相对滞后的浅山地区。大有山是湟中海子沟乡下辖的一个行政村，南靠湟水河，北依北川河，这里自古就有尚武的传统。村里赵氏家谱上，记载了他们祖先随军来到这个地方安家落户的相关内容，大有山的一些村民就是这些官兵的后裔。这个地方的村民崇武，在全省乃至西北武术界都小有名气，被誉为"青海武术村"。

史称河湟地区的人们"高上气力，以射猎为先，以兵马为务"①。当地"士风壮猛，便习兵事"，②因此，自古以来就有尚武风气。西汉以来，中央政府在青海道沿线实施军屯、民屯，一些犯禁之人及刑徒也被组织起来屯田，学术界称其为"犯屯"，此外，还有内地民众自发迁居的。他们当中，由屯田军民转化而成的农民逐步成为河湟汉族的主体。起初，这些兵民或承担成边任务，或在屯垦土地上劳作，随着时间的推移，他们脱离了政府的屯耕体系，成为散布于大有山这样的大大小小村落的农民，过着日出而作、日落而息的农耕生活。这些农民虽不再有士卒身份，但练习武术、强身健体的习惯保留了下来，一些乡村习武之人颇多，教拳练剑者代不乏人，大有村就是一个典型。

民国时期，大有村里有不少著名拳师，其中，闻名省内外的武术界名人赵成章就曾在这里招徒授艺。赵成章师承武林隐士董程，得其武术真传，尤其是达摩棍法更是练到了炉火纯青之地步。他还多方拜师学艺，不断提高武艺，成为享誉西北的武术名师。1935年，青海省政府邀请甘肃、宁夏、青海三省武术名家在西宁打擂比赛，赵成章打败一位当时小有名气的拳师，脱颖而出，被马步芳看中，提拔他为炮兵团教官兼副团长。之后，他又被任命为西宁国术馆副馆长，八十二军武术总教练。赵成章侠义心肠，因解救囚禁红军而被马步芳治罪。1944年，赵成章解甲归田，收徒传艺，其所学得以在后人中

---

① ［清］杨应琚纂修，李文实校注：《西宁府新志》卷八《地理·风俗》，青海人民出版社1988年版，第249页。

② 《资治通鉴》卷四九，汉安帝永初四年，中华书局，1956年版，第1582页。

流传，大有山村从此兴起了尚武之风。[1] 赵成章之后，大有山村许多拳师应邀参加省内外各类武术交流活动及比赛，也有一些拳师慕名到村中切磋交流。大有山村全村习武的风尚和传承中华武术的刚健精神孕育了丰富多彩的武术文化。2007 年 9 月 26 日，大有山村被青海省体育局、省武术学会命名为"青海省第一个武术之乡"。

大有山村有近百拳种，有的源流有序、拳理明晰，是传统的少林武术；有的与全国传统武术相通，当为大有山世代拳师广交武林高手、相互切磋交流的结果；有的风格独特、自成体系，属于村民在平常的生产生活中自创的武功，具有浓郁的乡土气息。在西北之地能如此完整、系统地保留传统武术，且又不乏创新的武术流派，实为难得。大有山村民完全保留了拳术中传统的部分，尤以鞭杆和棍棒著称。由于鞭杆短小，其招数也灵活多变，当攻击上路受阻时，可以立即调转杆头攻对方下路，使对方防不胜防。棍棒武术中，进山棍、八虎棍、盘龙棍、八路条子、八仙条子，用生产工具做武器的梢子棍等，还有六合枪、八门九锁枪、高家十三枪、梅花枪等枪法。拳法有燕青拳、小洪拳、八门拳、九环锤、周家拇指等二十多种拳法。

"礼失而求诸野"[2]，说的是中原礼乐文化一旦失传，可在它们曾传播、影响过的边地寻找其踪迹。实际上，包括武术文化在内的生活百态、世俗人情何尝不是如此。源于中原的中华武术能在大有山村这个偏僻一隅扎根，且蔚然成风，得益于丝绸之路的文化传播功能，也得益于中原文化对西北边地的持续滋养。如今，大有山村的一些拳种面临失传的窘境，赵成章留下的一些武术图籍急待保护。在"一带一路"国家战略实施过程中，应当投入人力物力去保护这些珍贵

---

[1] 葛文荣：《大有山人的尚武情怀》，《雪莲》，2008 年第 1 期。

[2]《汉书》卷 30《艺文志》，中华书局 1962 年版，第 1746 页。

的文化遗产。

陈家滩的木雕

湟中县鲁沙尔镇陈家滩村，坐落于县城东三公里处，紧依著名佛教圣地塔尔寺。该村山水交际，草木茂盛，人杰地灵。这里的民间传统木雕技艺历史悠久。

据说此技艺可以追溯到明代，元明时期朝廷出于对藏族地区统治的需要，对藏传佛教采取推崇扶持的政策。明代采取"众建多封"政策，即只要在政治上顺从于朝廷，就对其进行封赐和扶持。这一时期，在河湟地区"大建梵宇，特赐专设"，致西宁一带"番僧寺族、星罗棋布"。永乐、宣德时，明朝廷多次从京城和西宁征调工匠和军夫对乐都瞿昙寺进行扩建，终成壮观之规模，雄丽之殿宇。河湟地区佛教的迅速发展，使得依附在佛教发展之上的艺术，如建筑、绘画、雕塑等技艺也得到了飞速发展。期间，本地木匠在参与寺庙的修建中，与外地匠人交流学习，模仿技艺，并将其与藏传佛教文化相结合，逐渐形成了自己藏汉相兼的一套技艺，其中始建于明代的黄教圣地塔尔寺寺院建筑群就是其典型的代表。塔尔寺建筑及陈设的木雕作品有许多出自湟中县陈家滩村木雕匠人之手，该村木雕艺人群因塔尔寺古建筑诞生而聚集，也因塔尔寺古建筑群的修建扩充，他们的技艺也不断提高。

鲁沙尔依托塔尔寺，大力发展宗教用品和蒙藏民族手工艺品。20 世纪 30 年代中期，鲁沙尔镇的手工业进入兴盛期，陈家滩木雕技艺也成为该地区木匠艺人们共同创造、共同享有、共同传承的集体艺术。那些飞檐斗拱，遍布门、梁、窗的精美木雕图案以及佛龛、木器等是早期的见证，表达着自己的愿望和对神的虔诚以及对生活的憧憬，并将山川河流、花草树木、飞禽走兽等用神格化的神祇予以表现，来达到祈福禳灾的作用。明代天启二年（1622 年）以后建造的塔尔寺建筑群，如大金瓦殿、班禅行宫、大厨房、护法神殿、祈寿殿、文殊菩萨殿等藏式建筑，大量融合了汉式建筑的技艺特点，建筑风格彰显出多元文化特色。特别是塔尔寺建成后到清末及民国初期，陈家滩村的木雕匠人中，像史应全和他的弟子康继福、郭万青、包成林、张生珠等人，除继续在塔尔寺从事木雕艺术的创作活动外，同时也在河湟地区从事民居木雕艺术的创作活动。改革开放后，陈家滩村的木匠把祖传的木雕技艺继续发扬光大。期间，最主要代表人物是陈家滩村的史廷辉。他生前从事古建筑的设计、建造及雕刻艺术品的创作，其木雕艺术在省内外享有极高的声誉，徒弟众多，河湟地区群众称其为"史木匠"。塔尔寺新建的坛城、山门、藏经楼以及后期对古建筑的维修，像大金瓦殿、大经堂、护法神殿、祈年殿和密宗学院等建筑群均由史廷辉主持或参与修建。他去世之后，塔尔寺为了纪念他对寺院及社会做出的贡献，特意为他颁发了"德艺双馨"的功德匾额。目前，鲁沙尔、总寨、多巴、李家山、共和等乡镇，有部分人从事木工技艺，除在本地从事木雕技艺生产和经营活动之外，还走南闯北，在西藏、新疆、内蒙古、四川等信仰藏传佛教的地区修建维修古建筑群和藏式家具生产。①

　　陈家滩木雕按用途可划分为建筑木雕、家具木雕、宗教木雕和工艺品木雕。建筑木雕技艺主要分布在以木质材料为主的民居建筑和

---

① 王文业、史儒林：《青海湟中陈家滩传统木雕艺术文化研究》，《青海师范大学学报》（哲学社会科学版），2012 年第 5 期。

宗教建筑的梁、檐、门、窗、楼阁挡板中；家具木雕主要有汉式炕柜、雕花木床和藏式的龙床、罗汉床、茶几、炕桌、沙发、藏柜等；宗教木雕主要有佛像、佛龛、法座、经桌、经筒等；工艺品木雕分为具有观赏性的木雕陈设工艺品和实用性的木雕工艺品。按雕刻工艺划分为线雕、浮雕、镂雕、斜雕和圆雕等。线雕通常以刀刃雕压花纹，讲究刀法，具有很强的表现力。对于花纹刻画和形象勾勒有着重要作用，还可以雕刻纹理，表现景物的质感，易于表现物像的外形，也可增强物像的装饰效果。浮雕是在平面板材上雕刻出凹凸起伏图案的一种技法，根据需要分为浅浮雕和高浮雕，常见于家具及器物上；镂雕是在浮雕的基础上镂空其背景部分，有单面雕和双面雕之分，常用于古典建筑上的装饰、装修；斜雕是用45度左右斜角的刀口，在作品的关节角落和镂空狭缝处剔角修光，刻出的效果比三角刀更生动自然；圆雕又称立体雕，特征是完全立体的，可从多角度欣赏，常用于佛像的雕刻。创作中往往将多种雕刻技法并用，期间物件之间框架构造，卯榫结合，层次突出，在建筑上常用于架梁、梁托、檐条、楼层拦板、板壁、窗户、斗拱等处，家具中常用在炕桌、床和柜上。

陈家滩的木雕装饰纹样充分汲取了民间文化的艺术符号和元素，其纹样包罗万象，图案活灵活现、栩栩如生。纹样可概括为祥禽瑞兽、花草、神祇、人物故事、器物、锦纹和字符等。祥禽瑞兽样有龙、凤、麒麟、狮子、虎、鹿、象、马、脚狮、毛鱼、水怪、猴、羊、鼠、鹤、鸡、鸳鸯、鱼、蟾蜍等。花草纹样有牡丹、莲花、兰花、玉兰、海棠、菊花、松、竹、梅、长寿茅草、木瓜等。神祇有福禄寿三星、魁星仙、宗教神祇等。其中的人物故事多取材于《封神演义》《三国演义》《西游记》《格萨尔王传》等名著，《杨家将》《郭子仪祝寿》《松赞干布与文成公主》等戏剧，以及《白蛇传》《刘海戏金蟾》《和气四瑞》等神话传说。

器物纹样有"暗八仙"（即八仙之法器：蕉叶扇、宝剑、玉箫、宝葫芦、玉板、渔鼓、花篮、荷花）、八吉祥（佛教之法器：宝伞、双鱼、宝瓶、妙莲、右旋法螺、吉祥结、胜利幢、金轮）、七珍宝（神珠宝、妃子宝、大臣宝、大象宝、绀马宝、将军宝）、五妙欲、杂宝（宝珠、古钱、方胜、玉磬、犀角、银锭、如意、珊瑚）、祥云、艾叶、鼎、书、画等物的组合。锦纹有云纹、雷纹、冰纹、回纹锦、万字锦、拐子锦、龟背锦等连续纹样；吉瑞字符纹样包括福字、寿字、梵文、阿拉伯文等文字图案。

这一民间技艺把民族文化和地方特色有机结合起来，创作主题可分为祈福纳吉类、伦理教化类和驱邪禳灾类。祈福纳吉是木雕装饰中运用最广泛的题材，民间将其概括为福、禄、寿、喜、财等，其主要内容包括男女交合化育、延年增寿、招财纳福、功名利禄等；祈福纳吉类的雕刻题材应用较为广泛，主要体现在古建筑的装饰装修，古典家具装饰以及宗教用品的装饰等方面，比如对古建筑梁架、柱头、雀替、莲板、斗拱等建筑门面进行的装饰以及室外门、窗、户、牖的外檐装修和室内花罩、炕罩、博古架、壁板和天花、藻井等的内檐装修。

伦理教化是木雕装饰中最具精神教化意义的题材，多以历史典故、生活生产场景、书法楹联等内容形式，借以褒扬孝悌、忠信、仁义，昭示人伦之轨。其内容较为经典，事物刻画较为精细，常用于古建筑的内外檐装修。常用的木雕吉瑞装饰题材有和气四瑞、和合二仙、二十四孝等内容。驱邪禳灾、幸福安康，是民间世代关注的主题，木雕雕刻寓意吉祥的图像，借以驱除瘟疫、镇邪禳灾，其作用相当于借画符咒消灾避祸。常用的木雕吉瑞装饰题材有如意、八仙、暗八仙、八吉祥、八瑞物、七珍宝、五妙欲等，都被认为具有消灾避祸的功能。

"白塔的木匠，热贡的画。"湟中陈家滩传统木雕艺术，根植于河湟文化的沃土中，充分吸收了中国传统木雕的艺术精华，表现出独特的艺术风格，集实用性、观赏性、艺术性为一体，在河湟地区有口皆碑，不断涌现出的众多技艺精湛的匠人，将这一技艺代代相传并发扬光大，成为高原地区宝贵的文化遗产。源于中原的陈家滩木雕艺术因汉族移民迁播至河湟地区，又因参建塔尔寺等藏传佛教圣地而远近闻名，这无疑生动地展现了湟中道上不同民族、不同文化之间紧密、丰富的交流、融会。

桥儿沟的砂罐

如果说，在青海大地上争奇斗艳的彩陶留给我们的是远古的遗韵，那么大通桥儿沟的民间陶器——砂罐，则刻写着湟中道沿线人们的生活记忆。

早在远古时期，生活在这里的羌人就利用当地特有的黏土制作简单的砂罐、砂锅、砂碗等。唐代文成公主的《琵琶行》即有"扶桑织丝乡，编竹为逢兮，灰岩为陶兮"的描述，说明唐代制作砂罐的工艺已非常普遍。砂罐的制作传承，是生活在这片土地上的先民们勤劳和智慧的结晶，是几百年来高原人日常生活中不可或缺的生活用具。根据《秦边纪略》记载：青海大通桥尔沟烧制砂罐的历史可追溯到明代。桥尔沟背靠金蛾山，盛产无烟煤，当地土质也适宜烧陶制罐。砂罐匠用当地出产的煤、红胶泥等烧制砂罐。

制作砂罐，选料很关键，一般要选色红、质细、无杂质的红土、煤矸石、青泥做原料。其制作工序是先粉碎、过筛青泥、煤矸石，再去除红土中的杂质，筛除细土，用一比三的比例加上红土，再碾成细粉并过筛，加适量的水揉成泥，把泥放到圆盘上，用慢轮修造法制作罐坯，并辅之以捏制技术，做好后晾干。待晾干后，在罐身上涂抹一层白土釉，然后装炉烧制即可。

砂罐炉窑为高一米、长二米、宽不足一米的长方体火炉，装炉时先在底部炉体上压一层燃煤，然后把罐坯成排放置上去，再在罐坯上苫上盖瓦，即可点火烧炉。大约需要两小时左右，便可烧成，然后用长钳把烧红的砂罐趁热挟出，晾冷后，一件美观实用的砂罐产品就做出来了。据称，这样的砂罐炉每次可装大号罐坯七十至八十个，小号的一百个左右。这样制作的砂罐耐高温、耐酸、耐碱、韧性好。[1]砂罐皮层较厚，不易传热，耐腐蚀，温度均匀，恒温性强。这种烧制工艺颇为独特，虽不像中原瓷器那样精致美观，但也结实耐用。

在当地百姓日常生活中，桥尔沟砂罐随处可见，它们是平常居家必不可少的用具，用这种砂罐熬小米粥，色泽金黄、黏稠可口；用它炖肉，味道香、无膻气；用砂盆种花，不烂花根、开花时间长。在农家的院墙内，随处可见具有各种不同功用的砂罐，摆放整齐且错落有致，睹之内心便多了一份古朴、安逸和温暖。由于这种砂罐煮茶烧汤别有风味，尤其在气候干旱寒冷、蔬菜缺乏的高寒地区，可以起到提神助消化的保健作用，逐渐成为青海东部农业区各族群众家喻户晓的主要用具。

如今，桥儿沟的砂罐因"长相不好"，手工制作费时费力，加之

---

[1] 马志荣：《桥儿沟砂罐：岁月温暖的记忆》，《青海日报》，2008 年 3 月 28 日，第 5 版。

受现代工艺品的冲击，销路不甚理想。目前，当地两户回族家庭仍
在坚守着这种手艺。[①]但愿借助着非物质文化遗产的盛名，桥儿沟的
砂罐能够一直存留在河湟百姓的生活之中。

威远镇的酩馏酒

自古美境出佳酿。互助土族自治县威远镇，地处青海境内祁连
山东段南麓一块山峦环抱、地势平坦、地肥水美的三角地带。高大
雄浑、生态良好的祁连山为这里带来了充沛的云雨和清新的甘霖，
高原特有的灿烂阳光又使这里冬无严寒，夏无酷暑，一年四季气候
宜人，适于万物蓬勃生长。群山环抱，林区密布，泉清水美，空气
湿润洁净，这些得天独厚的自然条件以及其周围所形成的独特生物
圈，成就了酿造醇美甘甜酩馏酒的一切必备而优越的条件。

青海出产酩馏酒，品牌甚多，其中，互助酩馏酒可谓独树一帜。
酩馏酒虽为白酒的一种，由于它特殊的酿酒原料和酿造技艺，造就
了它与其他白酒不同的高原特色。深受青藏高原人民所钟爱的酩馏
酒是以青稞为原料酿造而成。青稞是大麦的一种，主产于海拔三千
米以上的高原地区，由于海拔高，气候冷凉，光照充足，从而为青
稞的生长提供了独特的地理及气候条件。

互助威远酩馏酒有着这样一个美丽的神话传说：相传八仙受邀
参加王母娘娘的蟠桃盛会，经过此地，铁拐李因为口渴下人间找水喝，
遇见一口井，在舀水时不慎将酒葫芦中的玉液滴入井中。后来，人
们发现用这口井水酿出来的酒气味醇香、酒香绵软，便用它来酿造

①尹生香:《散发着古风民俗的大通桥儿沟砂罐》,《中国西部》, 2016 年第 8 期。

美酒。这口井就是今天的威远古井。

威远酩馏酒酿造简便：先将青稞浸湿碾去外皮，簸净，去杂质，入锅煮熟，直到青稞裂口开缝后，捞出风凉，配以用草药制成的酒曲，调和均匀，装入瓷坛或缸中密封，盖上棉被等物让其充分发酵。发酵时，要保持恒温，以手摸缸壁不凉为宜，温度一般要控制在 15 摄氏度左右。发酵时间随季节而定，夏季四至七日，冬季八至十日即可。把发酵好的青稞原料，加上草药，装锅，加水煮沸，煮沸的蒸汽通过蒸流管进入冷却缸进行冷却，冷却的酒液经导流管装坛，即可饮用，这就是绵软可口的酩馏酒。①

互助古为羌人故地，而居住在互助的土族则是在元末明初形成的。随着历史的变迁，这些游牧民族自西向东迁移到青藏高原与黄土高原接壤的河湟谷地一带，并逐步向威远堡一带集中，形成了如今较为集中的土族聚居区。早在明末清初，互助民间用土法酿造酩馏酒。后来，山西客商从杏花村酒坊请来酿酒师傅，以威远酩馏酒为基础，办起烧酒坊，使威远镇的酿酒业兴旺发达起来，呈现出"隔壁三家醉，开坛十里香"的气氛。显然，互助酩馏酒也是湟中道上多民族文化技艺融通的产物。

威远酩馏酒酿造工艺大多是家族传承，威远酩馏酒对配料非常讲究。以前的酿酒师傅酿造的酒很受欢迎，可以用自己酿造的酒卖钱或换取自己需要的日用品，酩馏酒的酿造技术也就成为家庭收入来源之一，这就使这门技术只限制在家族中传承，在一定程度上制约了它的发展。随着时间的推移，白酒酿造技艺的普及，使得这种技艺在传承上没以前那样苛刻，传统的酿造工艺也慢慢失传，配料、酿制技艺方面也没以前讲究，导致现在所酿的酒缺少传统酩馏酒的

---

① 滕晓天：《醇香的青稞酩馏酒》，《中国土族》，2010 年第 2 期。

劲道和醇厚。不过，用土法酿造酩馏酒的技艺仍在民间传承，时下的人们对酩馏酒的热情不减，在当地饮酒习俗盛行的情况下，喝惯了酩馏酒的人，从骨子里迷恋着这种口感，迷恋着这种烧而不灼的味道，所以民间酩馏酒的酿制便有了源源不断的动力。

湟源的排灯

"养在深闺人未识"，偏居一隅的湟源排灯，作为精湛的造型艺术，缺少的是跟外界碰面的机会。2006年，国家博物馆展出了一组湟源传统排灯，由中国民族艺术研究院作为上乘艺术佳作收藏。2008年，北京奥运火炬传递经过青海，湟源排灯中的"高原精灵——藏羚羊"被作为礼物向北京奥组委献上来自青海的祝福，北京奥组委作为艺术珍品收藏，让世人刮目相看。从此，湟源排灯名声大噪。

湟源排灯历史悠久，起源于清代中期，流传于坐落于今天青海省湟源县城关镇的丹噶尔古城，其产生可追溯至清代嘉庆、道光年间，至今已有两百多年的历史。早在清代乾隆年间，山西、陕西商家羡慕丹噶尔古城民族贸易的繁荣和昌盛，便举家迁来，将内地先进的文化艺术带到古城，促进了古城的经济发展。

相传，街市商家为了在夜间招揽顾客，纷纷制作商号广告牌灯箱，在里面点燃蜡烛，挂在商号大门上，这种广告灯箱逐渐发展成了有底座、有图案，且形式多样的广告牌灯。人民生活富裕，安居乐业，清政府在丹噶尔设立抚边同知时，在当年正月元宵节展出了过街排灯。光绪时奉旨修建牌坊，在古城西大街前首次修贞节贤孝牌坊，在关帝庙巷口与相对应的灯山楼街口修建烈女牌坊，彰显"忠孝节义""忠义慈孝""贞女烈妇",旌表"五世同堂""子孙显扬""曾元承钦""一门完福""抗义明节""捐躯完贞"等。在牌坊上装饰明灯,称之为"牌灯",这是湟源排灯独特的一种类型,有它特殊的文化意蕴。光绪时期,京津洋行从苏杭购回纱灯、宫灯、彩灯,悬挂在洋行里外,给古城的排灯发展又增色添彩。到了民国时期,湟源有名的富商马有德,请湟源著名木匠李华、樊春芳等兄弟专门制作吊灯百余架、排灯五架,摆放在关帝庙和城隍庙门口。至此,各商号、店铺、厅署机关单位纷纷仿制,制作的排灯有正方形、长方形、椭圆形、扇形以及横跨街道的长条排灯,使湟源排灯的艺术逐步走向成熟。[①]

当地社会发展的悠久历史和深厚的文化底蕴,在湟源排灯的绘画上得到了充分体现。湟源排灯和普通的夜市排灯不同,其中不但有着对特定民族文化习俗的宣扬,还有着对传统人文的敬仰。虽然,民族习俗和传统文化的承载方式有很多种,但以排灯的形式创造传承却是湟源地区所特有的。当你身处湟源古城,即使在夜晚也可以看到和白天一样多甚至比白天还多的排灯。湟源排灯在绘画体裁上也是涉猎广泛,在包含各种传统民间美术艺术的同时也十分重视审美的搭配。在绘画图案方面,力争做到油画与国画的搭配,工笔画与写意画的搭配,风景山水与花鸟画、人物画的搭配等。在剪纸图案方面,强调民俗风情的剪纸与反映劳动场面剪纸的搭配,花鸟剪纸与人物剪纸的搭配,屏风式的剪纸与圆形、菱形等形状剪纸的搭配等,也借鉴刺绣、堆绣、香包、书法、皮绣、皮影等诸多方面制作手法,互相辉映、相辅相成,将绘画、堆绣、书法、刺绣、皮影、香包和皮绣等艺术形式,相互穿插起来,给人们一种五光十色、气象万千、光怪陆离的感觉。

---

① 徐耀武:《民族民俗艺术之花:湟源排灯》,《作家》,2012年第14期。

湟源排灯在绘画美术上有着深厚的文化积累。排灯画面的装饰内容别致奇巧、绚丽多彩、引人入胜，广泛地选用经典名著故事以及民间神话传说故事，将湟源的历史人物、民俗风情、名人逸事、山水花鸟、文人书画、名胜古迹等都呈现在排灯画面上。灯箱画面早期以绘画装饰为主，在后来的发展中，堆绣、刺绣、剪纸、皮影等形式都是装饰的主要内容。可见湟源排灯的美术绘画几乎借鉴了中国民族民间美术的许多领域，是中国民间工艺美术的集中体现。

木雕是湟源排灯制作工艺的重要手工技艺。一般来说，木雕分平雕、浮雕和全雕三种。平雕是在平面的木材之上，用阴阳刻线来表现所需的各类造型；浮雕是将所表达的内容雕浮于木材之上，形成半雕塑；全雕是将内容用写实的手法全方位的雕刻出来。湟源排灯框架的雕刻，一般多用平雕和浮雕，全雕由于费工费时，现已很少采用。湟源排灯采用装饰中国传统建筑的庭院、影壁、室内隔扇及各种家具的雕刻技艺，使排灯成为具有鲜明地方特色和民族风格的装饰艺术，随着丹噶尔古城的繁荣和兴盛，这门手工技艺在不断地完善、求精，以达到炉火纯青之境地。

排灯框架的木雕常用工具是刻刀、凿子、锯、钻、锉、锤等，这些大小不等的工具，主要用于各种框架造型的打胚和加工，木料表面采用砂纸磨光及后期处理材料使表面光洁。湟源排灯框架雕刻的主要工具是各种样式的刀具，制作排灯的工匠们在不断的雕刻实践中，总结和制造出适合自己的雕刻工具。雕刻排灯框架图案的方法有两种：一种是直接雕刻图案；另一种是先画小稿，拓于木材上，然后再雕刻。其方法最早可追溯到清嘉庆、道光年间，丹噶尔古城的一些能工巧匠努力探索，同时积极汲取南方木雕制作工艺和技巧，与当地的木雕制作技艺融为一体，使灯雕工艺达到镂空剔透的境界。

随着丹噶尔木雕工艺水平的提高，出现了一些著名的木雕艺人。清末民国年间，李占林就是名噪一时的木匠，他借鉴了中国画的构图和布局方法。在他的徒弟中，其子李增瑞已颇有盛名，人称"李小木匠"。其幼年随父学习木工和木雕技艺，到壮年时就以木工精通、技艺精湛、刀法娴熟称名于当地。他所雕琢的动物，有龙、虎、鱼、鸟、蝴蝶、鹿、羊、牛等，在当时是一种奇观。李增瑞在古老而文明的古城声名大震，随之，前来拜师学艺的人络绎不绝。

漆艺是湟源排灯的又一道重要工序。雕刻艺人有"三分雕刻，七分漆艺"的说法，显现出了木雕和漆艺不可分割的工艺内涵。木雕之意在于形，形之美观在于色。青海民间早期在木雕上采用贴金箔和漆朱红进行装饰，在其后的发展中，漆艺将修磨、刮、填、上彩、贴金、描花等精湛的工艺，运用在排灯框架的制作上，使排灯精雕与漆艺技术珠联璧合、相辅相成，绽放出形妙彩绚的艺术效果。漆艺的工序是，先将透明底漆分两次按比例混合搅拌均匀，添加适量的稀释剂后使用，其目的是清除木质杂物，提高表面涂膜的光洁效果，使阻隔木材中的挥发物和水分向外扩散，减缓木胚的变形，增加上正漆的附着力，降低漆料被木材吸收，提高色彩的饱和度。在使用清面漆时，先将漆搅拌均匀，以保证颜色、浓度一致，使原色底漆黏附较快，覆盖力强，打磨性好，颜色纯正。在使用亮光漆面上漆时，按比例调配好油漆，一定要搅拌均匀，以免光泽深浅不同。使用稀释剂时要谨慎，根据需要调配黏度浓淡、质优的稀释剂清澈透明，溶解力强，在高温高湿度情况下，亦可加入少量淡水，以防漆面起包。要达到木雕颜色饱满，漆艺的技术流程是不可忽视的，因为漆艺水平的高低，直接影响到排灯整体的艺术效果。

在制作实践中，湟源排灯不断地推陈出新，框架样式日趋多样化，如落地式的有屏风式、立柜式、影壁式等，悬挂式的有梅花形、图书形、扇面形、花边形、双鱼形、八角形、蝙蝠形、花窗形、圆角形等。在发展的过程中，其在传统样式上不断地翻新花样，多姿多彩，赋予不同时代的内涵和审美追求。经过数百年的积累、沉淀和革新，湟源排灯的每一个制作工艺都深深地打上了民族文化的烙印。它以绘画的形式，将经典故事形象化，达到抒发情感的目的，在描述技巧上采用简练手法使每一件工艺作品畅晓明白，在制作上采用雕、镂、镌、刻的手法，使排灯成为雕刻艺术的精品，是一个体现民俗、民风、民情的综合性的民间文化艺术珍品，是民间制作艺人聪明智慧的结晶。

总之，丹噶尔古城是湟中道上举世闻名的商贸重镇，而湟源排灯由商贸店铺的广告灯箱演化成牌灯、排灯的演化过程，承载了湟源"茶马互市""环海商都""小北京""青藏高原冠名十六古都"等发展的历史文化信息，是商贸文明和城市文明、中原文明和边地文化相互交融的多元文化产物，其中蕴含的丰富的历史记忆和文化象征，为湟源乃至青海地方史志学、民族学、民俗学、宗教学、考古学、美术学等方面的研究，提供了直观的实物资料，有着非常重要的研究和传承价值。① 湟源排灯是传统手工技艺，是人们对丹噶尔历史文化和民族文化最为难忘的记忆，是寻觅中求索的精神家园，也是民族文化多样性的体现，呈现出在社会发展历程中人们的精神追求与创造。在恢复和传承发展中，排灯已从早期单纯的照明设施、店铺招牌，演绎为独特的艺术造型和地域文化的象征，它亦成为丹噶尔古城永不熄灭的艺术之光。

---

① 刀庆龙：《青海湟源排灯的工艺与创新》，《赤峰学院学报》（自然科学版），2014 年第 4 期。

第四节

乐舞之天籁

　　当一个人的情绪处于激动状态时，往往会通过言、歌或舞的形式表达出来，而舞蹈作为直观的表现形式，其艺术魅力和灵魂源自内心情感的真实表达。所以古人早就对此有文学化的评论，西汉学者毛亨为《诗经》所作的《大序》里写道："情动于中而形于言，言之不足故嗟叹之，嗟叹之不足故咏歌之，咏歌之不足，不如手之舞之足之蹈之也。"在当下的实际生活中，也会发现很多仪式性的舞蹈，它们同样是内心情感的自然流露，但表演的背后却充满虔诚的信仰。在湟中道沿线，源自中原的社火、高跷，号称世界上表演时间最长的狂欢节——土族"纳顿"等，都是集宗教信仰、文体娱乐为一体的节日表演，它们以生动活泼的形式见证着这条丝道上各民族文化的交流与融通。

千户营高台空里悬

有民谣唱道："麻地沟刀山会好凶险，山架上百把刀明光闪。千户营高台空里悬，杆顶上人物飞舞云间。"该民谣前赞麻地沟的刀山会，后夸千户营的高台，二者相互媲美，相提并论，足见其在民众中的影响和地位。

千户营村是湟中县西北部拦隆口镇下辖的一个行政村，是深受多元文化影响并具有青海高原文化多样性和独特性特质的一个文化地理单元。汉武帝时，汉军进据湟水流域，湟中从此纳入中央政权版图。后来，河湟民族大走廊上演了历时数百年的分裂、割据大戏，至元时重又回归中央版图。洪武六年（1373年），明朝设西宁卫，"卫"不单纯为军事建制，而是辖有一定的区域。西宁卫下辖六个千户所，都有一定的官兵配置，除正规军外，还有精锐善战的土兵和马夫。这种军民混杂、宜农宜战的生活居住，延续了汉代以来屯田制作风，在增进地方农业生产的繁荣，巩固地方社会稳定和防御敌军的侵扰等方面发挥了非常有效的作用。和平年代的农闲时节，这些地方官员为鼓舞农耕、激励军民，会在节日期间进行一些民众喜欢的社火表演活动，来达到操练士兵、凝聚人心、移风易俗、娱神娱人的目的。因此这类民俗活动，在地方统治者的鼓励和支持下，内容越来越丰富，一直传承至今。

所谓"社火"，"社"即土地神，"火"即火祖，是传说中的火神。"社"的起源甚早，先秦时期就有崇拜土地神的信仰，"社"也是农民集会之所；"火"是人们煮食和取暖之源，远古人类认为火也有灵，视之为神物并加以崇拜。后来，祭祀"社"与"火"的仪式合并起来，就演化为社火。社火是典型的农耕风俗，它之所以在湟中道沿线流播，与汉族从中原移民西北的历史有关。关于青海社火的形成，有学者认为是汉代赵充国屯兵河湟后与中原民族融合的结果；也有学者认为它是古代祭祀土地神和火神活动的遗俗，是东汉的迎春礼俗和当时进行的祭祀太乙神的礼仪，以及先秦冬季时进行的傩祭、蜡祭等一系列活动连续进行形成的一种民间的变异的礼俗。[①] 但不管怎样，青海社火，以其独特的高原文化特色，深深植根于高原大地，流传了千百年。

高台，又称"抬搁""高会"，是社火中常常见到的"芯子"表演活动，常常作为社火演出活动中主要的表演艺术。俗话说"锣鼓不响，庄稼不长"，每年正月，各地的社火表演形式各具特色，精彩纷呈，舞龙、舞狮、打花鼓、扭秧歌、踩高跷……热热闹闹的社火把城市乡村笼罩在一片欢乐的海洋之中。据说，明代洪武年间，祖辈们从南方移民到青海时，曾演出直接绑在人身上的高台。每逢祭神之日，艺人们便扮演成各种神灵，在鼓、钹、锣等乐器的伴奏下，走街串巷，到各村巡回演出，祈求五谷丰登，风调雨顺，人民安康。后来将各种"神灵"安置在木板上，然后将木板高高抬起来上街巡游，那些"神灵"也变得显要起来，观众也可以看得清楚了。这种祭神活动开始向民间世俗化转变，它的娱乐性不断增强，表演角色和台数不断增加，逐步演变成了今天社火中的高台。

表演的高台将一根或两根长二至六米的铁杆，根据造型加以弯曲，作为骨架固定在方形木案上。骨架用树皮伪装，并用竹枝、树枝绑扎成各种动植物，再用彩绸加以装饰美化。高台上往往由一至三名幼童，分别装扮成传统戏剧中的人物，或坐或站在伪装后的树枝上，有的手托花盆，花朵上又站着戏中的人物，有的手举长剑，

---

① 辛秉文：《青海汉族社火舞蹈的渊源及形态探幽》，《舞蹈》，2014年第2期。

剑刃上站立着特定的角色，有的驾鹤，有的登云，杆隐人显，妙趣横生。

最前面的高台是"魁星"高台，其后依次是"麻姑献寿""刘海撒钱""白蛇传""红楼梦""西游记""三国演义""哪吒闹海""隋唐传""杨家将""岳家将""水浒传""封神榜""人寿年丰""西王母"等。他们扮演的内容有传统戏剧中的英雄人物，如杨宗保、穆桂英、岳飞、关公、李逵等，也有神话传说中的人物和神灵，如西王母、孙悟空、哪吒、牛魔王、姜太公、许仙、白蛇等，题材非常丰富。其中，"魁星点状元"和"刘海撒钱"两座高台下，欣赏的民众较为集中，大家是想通过观看高台，满足自己金榜题名、财源广进的愿望。艺人们便分别扮演成各种神灵，走街串巷，祈求五谷丰登，风调雨顺，人民安康。周围的民众身着节日盛装，扶老携幼，从四面八方涌向会场，高台社火的表演，在锣、鼓、镲的伴奏下，在场上尽情地演出。艺人们有的手举长剑，有的手托花瓶，有的两脚悬空，虽不舞不歌，奇特的造型和高超的表演就足以让观众惊叹，过节的气氛显得愈加浓厚。

几百年来，千户营高台以精湛的技艺和独特的艺术魅力而闻名，在河湟一带几乎家喻户晓。民国期间，千户营高台就被马步芳抽调到西宁公演，因演技高超而在周边地区名声大噪。"文化大革命"期间，青海大部分地区的社火和高台都被禁演了，千户营村民们顺应时代要求，对演出的高台，从题材上做了相应的改动和变化，制作了《草原英雄小姐妹》《智取威虎山》《红灯记》《英雄儿女》《沙家浜》等题材来演出，因此他们的高台不但没有被禁演，反而受到了表扬。

高台表演是千户营社火演出中主要的表演活动，它充当着神的角色，是扮神活动，把人乔装打扮后扮成神，作为供奉和讨好的对象。

在古代，人们在进行祭祀活动时，一般都要将神像或代表神灵的物件请出来举行巡游活动，使神物到各处驱邪逐疫，给人们带来吉祥福气。同时，通过神物巡游活动，表达人们欢乐喜庆的心情。将神物从固定的神庙或地点请出来，就要用一定的移动工具，因此，载着神物移动的高台就随之产生，将人扮的神像载在上面，在移动过程中完成表演。这种人扮神的活动，在发展过程中逐步被世俗化了，带有更多的表演成分，但仍保留有神圣的宗教意味。人们认为当表演者拜祭过神灵，穿上表演服，"装了身子"之后，他已经不再是原来的他，而是进入了"角色"，他便不能随意说话，更不能胡言乱语，否则会受到神灵的惩罚，于人于己都不好。而且，在人们古老的观念中，有天梯通天，天帝、众神、群巫可以通过天梯出入天界，进入神灵境界。现实中人们希望通过在高台上扮神、装神进一步体验这种被神圣化的感觉，满足成神的愿望。

在社火中，高台被誉为"空中杂技""空中戏剧""空中舞蹈"等，除了表现高、险、悬、奇的制作技术外，高台的装饰、演员的服饰、道具制作也非常重要。剪贴在高台底座上的各种纸制花、马、牛、龙、凤图案，华丽的服饰和道具，演员的化妆等都需要一定的技巧，它是集绘画、剪纸、刺绣、木雕等民间艺术于一体的民间艺术集成。[①]在乡村文化生态日益发生变化的当下，千户营的高台依然保持了民间这一文化样式表演的完整性和原真性，将民众对神灵的敬畏、人生的理解、情感的哀乐等给予其中，代代相传，生生不息。如果说，社火是汉地文化进入青海地区的一个明证的话，高台就是这一民间文化在多民族地区生根发芽后不断获得成长的艺术奇葩，它对当今社会整合、情感维系、民众教化等方面作用明显，突出反映了中原

---

① 尹生香：《空中的艺术奇葩 湟中千户营高台》，《中国西部》，2016 年第 4 期。

文化在湟中道沿线传播所产生的结果，以及这种结果在当地民俗中的表现。

高庙社火闹新春

　　进入乐都境内，这里有黄河上游最大的史前氏族社会公共墓地，保存着马家窑文化（半山类型、马场类型）、齐家文化、辛店文化等远古时期的数万件陶器，被誉为中国"彩陶之乡"的柳湾村就在这里。自古以来，这里就是多种文化交融冲撞的过渡地带。现在，乐都高庙每年春节期间上演的高跷社火，就是各种文化交融大背景下产生的文化混合体，可称为是多彩的集体舞蹈。

　　高庙镇在乐都城区以东，居民以汉族为主，大多从事农业生产，高庙社火就是一种体现百姓农耕信仰的民间文娱活动形式。乐都是湟中道沿线最为典型的汉族集居区，这里的居民不仅大多为汉族，且主要从事农业生产，他们不仅重视教育发展，也注重文化传承。高庙社火就是他们继承并发扬传统民俗文化的一个实例。

　　关于乐都社火的来源，民间也有一些传说。据说，明洪武年间的一个元宵节，南京珠玑巷张灯结彩，锣鼓阵阵，管弦声声，社火表演五彩纷呈，观者如潮，热闹非常。社火中，一个"身子"扮成妇女，怀抱西瓜，骑在马上，一双大脚露于裙外，踩着马镫。被民间戏称为"马大脚"的马皇后看到这个节目，十分恼怒，向朱元璋哭诉珠玑巷百姓讽刺她，装扮那社火"身子"的女人骑着马，暗指她姓马，怀抱西瓜，暗指她是安徽淮西人云云。朱元璋闻此言，勃然大怒，下令处死珠玑巷所有居民。行刑那天，时逢大雨，监斩官常遇春趁机上奏，说上苍可怜珠玑巷百姓，流泪请求皇上宽恕。朱元璋下令免除他们死罪，全部充军发配到青海乐都一带。南京珠玑巷人来到乐都一带定居，便把江浙一带包括社火在内的民俗文化带到了这里。

高庙汉族来自珠玑巷的传说并不是孤例，还有一种传说，说是乐都社火是从山西、陕西一带传来的。清代时，山西、陕西一带的商客来河湟地区做生意，他们中的一些人觉得乐都市场前景好，气候温和，适宜人居，遂定居乐都高庙、碾伯一带。这些人来到乐都高庙，把当地的社火文化带到了这里。

据青海各地家谱，说祖先来自珠玑巷的可谓十有八九。朱元璋、马皇后惩罚珠玑巷百姓一事可能是传说，但甘肃、青海一带有许多江浙汉族移民后裔的的确确是真的。当然，明清时期，大量汉族自山西、陕西一带迁居乐都等地，也是事实，而且社火中高跷这个节目在山西、陕西的社火节目中比较典型、古老，其中山西芮城、新绛等地的跷腿最高的达一丈六尺，而乐都社火节目中的高跷，其跷腿高度以八九尺者为多，最高者达一丈五尺。另外，社火节目中的亭子在全国盛行的地方不是太多，最盛行的地方也在山西、陕西两省，其中陕西富平一带的亭子在全国是最有名气的。而乐都社火节目中亭子的艺术特征和风格与山西、陕西的亭子如出一辙。由此可见，乐都社火节目中的高跷、亭子无疑是清代时从山西、陕西一带传来的。当然，也不能排除南方社火对乐都高庙社火产生影响的可能性，乐都社火可以说是南北文化共同影响的产物。高庙社火虽然具有浓郁的中原汉族文化特点，但也有一些地方特色，特别是其吸收藏族舞剧的传统，形成了很有地方特色的社火节目。而这一点又反映出当地民俗文化渊源的多样性，且这种多样性是当地几乎所有社会文化的一般特色。

高庙社火演出分内、外场。内场社火要求化妆好看、表演正规，有道具类节目和情感类节目之分。道具类节目包括龙舞、狮子舞、旱船舞、竹马舞、霸王鞭、滚灯、伞灯等，包括极具高庙社火特色的低高跷和亭子。高庙的高跷一般高七到八尺，最高的达一丈多。但其行动不便，一般只扮作戏剧人物造型；低跷一尺有余，表演"提蝴蝶"等滑稽节目。亭子也称"高台"或"铁蕊子"，是整个社火的最后一个节目。[①] 情绪类节目包括八大光棍、落花姐、张公背老婆等。其中，八大光棍是八个男子身穿黑色武士紧袖服、灯笼裤，戴绒球帽、墨镜，一手持牛尾、一手叉腰"跑圆场""走四门"并歌唱。内场社火一般在麦场上表演。演出时，场子周围插上彩旗，挂上花灯。开场先由全部角色跑"满场"，而后列队由灯官主持祭祀。嗣后众角色退场，社火节目依次上场，先舞龙、后耍狮、高跷、旱船、八大光棍、落花姐。内场社火表演次序井然，程式固定。

外场社火化妆丑陋、表演滑稽，因而有"丑社火"的俗名。外场社火一般在内场社火周围表演，其中最突出的两个角色是"胖婆娘"和"哑巴"。"胖婆娘"男扮女装，穿着大红袍、挺着大肚子、怀抱布娃娃，逢人即兴发挥，随机应变。人们以为"她"是赐子娘娘下凡，纷纷上前扯其毛服上的毛线，视其为吉祥之物，戴在身上，这是母性崇拜的文化遗存。"哑巴"是外场中最丑陋的角色，他反穿皮袄、腰系草绳，绳上吊个大铃铛，面部涂得乌黑，戴顶破草帽，手拿半截粗绳，在满场子维持秩序。

乐都高庙社火在当地乃至青海东部地区都有影响，每年春节，

---

① 邓秀花：《河湟社火——亭子及其艺术特征》，《青海民族学院学报》，2008 年第 1 期。

约有十万群众观看他们的社火表演，它不仅深受老年观众欢迎，青年人也很喜欢。作为一种非物质文化遗产，蕴含其中约定俗成的文化情感和文化心理，已涵化为一种文化血脉。[①]除高庙社火外，湟中道沿线汉族、土族聚居区都有社火表演。"锣鼓不响，庄稼不长"，河湟百姓早已把社火和新年的祈愿紧密地联系在了一起，新春闹社火也已然成为青海农区的一大民俗。

大头罗汉戏柳翠

《大头罗汉戏柳翠》作为民间演出的一种舞蹈，亦称大头和尚、跳罗汉、罗汉舞，是流传于青海西宁、海东汉族居住地区的一种地方小戏，经常作为社火中的哑剧，通过面具舞蹈节目来演出。

关于民间表演活动中展演《大头罗汉戏柳翠》的记录，在清代康熙年间陆次云撰写的《湖壖杂记》中有记载：

跳鲍老，儿童戏也，徐天池有玉通禅剧，此亦戏尔。而孤山下有玉通墓在焉，神道路侧有月明庵在焉。郡城中有柳翠井，遗迹昭然，非徒戏言无据也。考绍兴间，有清了、玉通者，皆高僧也。太守柳宣教履任，玉通不赴庭参，柳恶之，使红莲计破其戒。玉通羞见清了、即留偈四首，托生于柳，誓必败其门风。宣教没，翠落为妓二十余年，与清了遇于大佛寺内，清了又号月明，为之戴面具为宰官身，为比丘身，为妇人身，现身说法，示彼前因。翠即时大悟，所谓月明和

尚度柳翠也。今俗传月明和尚驮柳翠。①

　　据上述材料发现，《大头罗汉戏柳翠》的民间舞蹈，与清代流传的"月明和尚度柳翠""月明和尚驮柳翠"的民间传说有一定的关系，但成为今天民间演出的这个形态，与民间舞蹈《耍和尚》的戏剧形式关系密切。早在南宋时期，民间或宫廷非常流行的地方戏剧"耍和尚"，是一种以戴"假头"扮演佛僧的面具哑剧，属于明清两代十分盛行的原始戏剧之一，在全国大多数汉族聚居地区广泛流传，它对这种表演形式的形成起了非常直接的影响和作用。

　　南宋时西湖老人所撰写《西湖老人繁胜录》一书中，已经记录了当时流行的一种民间舞蹈叫"耍和尚"。乾隆年间翟灏所编《通俗编·卷二十》中也记载了相似的内容：

　　　姚靖西湖志，宋绍兴间，柳宣教履临安尹任，僧玉通不赴庭恭，柳使妓红莲计破其戒，玉通惭怩而死，托生于柳，流隶乐籍报之。久之，皋亭山僧清了以化缘诣柳翠，为戴面具现身说法，示彼前因，翠悟，沐浴而化，清了一名月明，故云"月明和尚度柳翠"。……若今灯会所演乃武林旧事所载元夕舞队之"耍和尚"，其和尚与妇人俱未尝有名目也。②

　　但在历代的文献中可见，剧中的"大头罗汉"都坐实为"月明和尚"，明嘉靖年间杭州人田汝成的《西湖游览志》中，以及明末冯梦龙的话本小说《喻世明言》，都有月明和尚度柳翠的记载。而在元朝人李寿卿的杂剧《月明和尚度柳翠》中，却将柳翠想象成了观音菩萨净瓶中的柳枝，"偶染微尘"被罚往尘世，沦落为杭州妓女柳翠，后被月明罗汉度化皈依佛祖的故事。

---

① 蒋瑞藻：《小说考证》（上），上海古籍出版社1984年版，第64页。
② 翟灏：《通俗编·卷二十》，无不宜斋雅本，武林竹简斋藏版，乾隆十年辛未仲秋。

文人创作传统中的"月明和尚度柳翠"与民间表演传统中的"月明和尚戏逗、驮、耍柳翠"的情节内容，虽然个别有相似之处，但源于各自的传统。文人话语中的"月明和尚度柳翠"来自于佛经故事，而民间表演传统中的"月明和尚戏柳翠"则来自于中国古代的傩舞。傩舞是一种具有驱鬼逐疫、祭祀功能的民间舞蹈，现流传于全国各地。戴着面具在社火当中作为主要的表演活动"大头罗汉戏柳翠"的舞蹈，本身从性质上而言，具有傩舞的特征和条件，它跟历史上存在的"耍和尚"应是同源同流的艺术现象。只是在南宋以后，民间舞蹈"耍和尚"中的"和尚"才渐渐被某些人命名为"月明和尚"。在明清两代的民间表演活动中，"耍和尚"并没有被完全直接地称作"大头（月明）和尚戏柳翠"，"耍和尚"仍然延续着宋代灯节歌舞仪式中的节目名称。而"耍和尚"的表演与"大头和尚戏柳翠"文学创作混同，应该是清代文人努力的结果。

总之，自宋代以来，在民间节日传统中，"耍""戏""逗""驮"等名称都曾被不同时代、不同地区的民众用来指称"月明和尚戏柳翠"这档节目，这些名称与文人创作传统中的"度"字截然相反，纯粹是一种诙谐的叫法，其中不再有任何因果说教的色彩，而着力表现男女之间的性挑逗动作。其诙谐性、色情性的特质，自有其文化传统，即从傩舞或迎春等仪式中演化而来的痕迹比较明显。

这种小戏作为社火中一个演出剧种，都是在春节期间跟其他社火活动一起，先到当地庙里表演，祭祀神灵，祈求来年风调雨顺、五谷丰登，然后到附近村子巡回表演，一直演到正月十五元宵节以后。表演时由两个角色组成，一人为头戴大头罗汉面具，手里拿着蒲扇或拂尘，装扮成形体肥硕，大腹便便的样子，行动步履缓慢，似老年人稳健，常伴有"捧腹""提臀"等风趣幽默的动作。另一个人则男扮女装，头戴妇女的面具，扮成柳翠角色，手里拿着巾帕或扇子。在社火演出期间表演的时候，戴着大头面具的"罗汉"，身着僧袍、靸鞋，首先出场，他按照一定的节奏，用夸张的动作表现寺院僧人洒扫、焚香、叩等身长头等日常行为动作。尽量通过夸张、滑稽的表演，幽默诙谐的动作，来吸引观众的关注和捧场。而紧接着出场的柳翠角色，身穿艳丽的花裙子，舞蹈动作活泼灵巧夸张，通过表演完成调戏罗汉，罗汉笨拙应付，最后罗汉以手中的拂尘三拂柳翠，柳翠三拜以示皈依佛祖。整个活动，几乎近于一种二人游戏的形式完成表演，除了娱神，娱人的意图更明显。在表演中，罗汉的憨态可掬，动作的诙谐有趣，以及罗汉和柳翠之间的戏耍逗趣，增强娱乐意味的同时，人们平时的种种束缚，通过舞蹈得到释放，给终年忙碌，并且在日常生活中需要遵循各种规约、承受种种压力的人们带来了情感的释放和心理上的补偿。

舞蹈中的"大头罗汉"手执拂尘的这种表演形式中，"罗汉"是佛教中的形象，"拂尘"却是道教的标志性符号。罗汉和柳翠之间的挑逗、戏弄、皈依等情节内容显示，全剧通过世俗化、戏谑性的表演方式，将佛教的因果观念、惩恶扬善的思想包含其中，在逗人发笑中起到劝诫作用。很明显，该剧在形成的过程中，受到当时其他表演艺术、文人创作、口传文化、戏剧文学等方面的多重影响，后经历代民间艺人的演绎，最后成为今天的表演形式。

文化的生存如同生物的进化一样，在传入新的地方时，面对新的环境，自身要做适应性的选择和调适，然后寻找一种大家容易接受的方式来达到存活的目的。一直以来，湟中道沿线作为农牧文化的结合部，多元文化的冲突、交融在历史上，随着战事、移民、屯兵、商贸、交通等原因从来没有停息过。其中，青海社火中演出的大头罗汉戏柳翠即是文化演化的明证，是多种文化融合之后，遗存在这里的一种文化演进的活化石。

最长狂欢节

在大大小小的节日里，人们都要释放心情，宣泄情感，于是，一些节庆就具有了狂欢的性质。青海民和土族的纳顿，把祭祀和娱乐完美地融为一体，在长达两个月的时间里完成表演，被誉为"天下第一狂欢节"。

"纳顿"系土语音译，意为娱乐、玩耍。纳顿节是青海省民和县三川地区土族人民庆祝丰收的节日，也称"庄稼人会""庆丰收会"，是一场极具三川土族特色的大型集体娱乐盛会。纳顿节一般从农历七月十二日开始，持续到九月十五日结束，长达六十余天。

据传，很久以前有位土族木匠被召去修建皇宫。这位木匠技艺精湛，由他主持修建的宫殿华丽辉煌。当时的皇帝是位心肠歹毒的人，他害怕木匠到别的地方建造出更好的宫殿，就想要杀死木匠。土族木匠察觉到皇帝的意图，连夜逃回家乡，组织不堪暴政的乡亲们起义。皇帝闻讯派军队前来镇压。木匠深知寡不敌众，便灵机一动，让乡亲们伪装成正在过节的样子，敲锣打鼓，扛着战旗，挥舞着涂上染料的刀兵，高呼"年夜好"。朝廷的军队没见过这种架势，就询问附近村民，村民告诉他们，这是为了庆祝丰收，用跳纳顿来答谢上天恩赐的纳顿节。军队信以为真，便撤走了。此后，为了纪念这位机智的木匠，土族三川人民每年这个时候组织活动载歌载舞，经过长期的历史演变，形成了今天的纳顿节。

纳顿节以舞蹈和戏剧表演为主，舞蹈分隆重壮观的"会手舞"、独具特色的"面具舞"以及具有巫风气息的"法拉舞"。"会手舞"为开场节目，是由数十人至数百人参加的群众性集体舞蹈，有两个村庄联合同时进行表演，一村庄为"东道主"，一村庄为"客村"，会手按从长到幼依次排列。"东道主"村会手需迎接外村的会手。长者们身着长服，擎着彩旗，拿着柳条领队而行，其后鼓手、锣手、旗手相随，众人高呼"大好！大好"，与客队会手汇合，待相逢后两队旋转起舞三匝。主队向客队会手焚香，递烟敬酒，互致贺意，共祝平安。随后，一同绕场起舞。舞蹈动作大致为踏动、摆身、左腾、右挪。会手舞参与人数众多，在锣鼓伴奏下脚踩太极，俯仰有致，舞动场面气势恢宏，刚劲豪迈，被认为是土族大型广场舞蹈。它是古代屯田军士们在转为农户以后，或者土司土兵在亦兵亦农的生活状态下，庆祝丰收时采用日常最为熟悉又有观赏性的阵法为表现形式而产生的舞蹈。会手舞中各种阵法，可属于"阵图类"舞蹈，是古代军事活动影响下形成的，并由此形成行进中会手队伍的图案。

面具舞是戴面具表演的舞蹈，在会手歌舞之后举行，是土族纳顿节最具特色的民俗活动。传统剧目有"庄稼其""五官""三将和五将""杀虎将"等。"庄稼其"剧情大致为父辈向后辈传授农耕技艺，语言幽默诙谐、动作滑稽可笑，展现了土族先民勤劳、朴实的精神品质。"三战吕布"，再现了三英战吕布的三国传奇故事，着力塑造了关羽武艺高强、勇猛机智的形象。"杀虎将"充满神话色彩，古朴粗犷，整个剧目类似杂技表演。剧情惊险粗犷，情节紧张激烈，体现了土族先民与大自然斗争的英勇精神。面具舞除"庄稼其"中间穿插部分对白外均为哑剧。各个节目都有故事情节，只是有的完整，有的粗略，它们均从不同侧面、不同程度上反映土族心理素质、历史发展等信息。"庄稼其"反映游牧转向农耕的情况，"杀虎将"反映早期生活状况，残留有图腾崇拜的遗迹，作为最古朴的舞蹈，它保留了拟兽舞的形态，认为是原始狩猎舞蹈的遗存，同时蕴涵人们崇拜自然力、把自然力神秘化的万物有灵观；三将、五将、关王舞等三国故事反映土族人民崇尚忠义的心理情结，并将历史英雄不断赋予神格色彩。

法拉舞（巫舞），又称神舞，是法拉（土族巫师）在神灵附体后，充当神与人的中介或沟通者，替各路神灵收受钱粮宝盖时的独舞。"法拉"舞蹈有一些讲究，表演者法拉需头扎黄色丝带，身穿对襟坎肩，踏着细碎的步子，手持法器，两腿、两鼻孔、两手、两肩、乳头、身上共插着十二支钢钎，表演时频频点头，抖动古刀，口中念念有词。法拉表演的意义在于祈祷神祇保佑，驱除邪恶。当法拉进入亢奋状态后，口吐白沫，目光呆滞，此时即神灵已经附体。法拉跳舞向神献祭，并手执神刀，跑到幢幡前向宝盖、钱粮及帐前供物各击一下，随后他人将上述供物取下焚烧。法拉向村民宣示神谕：今天某村某家"纳顿"设下神坛请我来，我心里喜欢，钱粮已收下。今后你们要崇奉神灵，我去禀报玉皇，保佑你们村子，年年风调雨顺，五谷丰登，人畜平安！此时人们呼号应和，以示接受神谕，感谢神灵保佑。随后，人们将神轿抬起绕场一周，并把从村外请来的"二郎神"神轿移交给下一个举行纳顿村庄的人员抬走，本村神轿则仍迎回本村二郎神座安放。

纳顿节总共分三个阶段进行。从清明节开始，三川各村开始筹备节日，首先是在本村的神庙祭奠二郎神和地方神，并由村民推举，选出负责人，即"大牌头"和"小牌头"。他们的主要工作是负责筹备经费，维持秩序，节日活动的组织与实施。七月十二日节前，三川村民开始进行节日准备，特别是要在麦场搭建以供安放神像和进行祭奠的大型帐篷。节前一天，还有一个特别重要的事宜，即大小牌头进行隆重的祭典活动。七月十二日之后，才是节日的正期，这时人们载歌载舞，欢庆丰收，并将地方神迎至本庄。黄昏时，一天的节日活动将近尾声，此时，跳纳顿的村里人，将蒸饼分块赠送给到会人员。老人们需祭祀地方神，祈求来年庄稼丰收。[1] 然后，把地方神抬送到下一村庙会的纳顿。纳顿活动就是这样一个接一个，在三川的村庄里按序进行。

纳顿节是生息于湟中道沿线的土族人民，在历史的传承和演变中不断演化形成的，它把游牧时代奔放的民族精神与农耕文化敬神尊祖的观念巧妙地结合在了一起，表达了土族的民族意识、世俗百态及娱乐精神，是土族历史民族文化的活态展现，[2] 也是湟中道上颇具影响的一种民俗文化。

刚日纳顿

青海互助东沟乡东山寺村有一座藏传佛教寺院——普日噶寺。该寺规模不大，声名不及佑宁寺，但该寺僧侣做法事时跳一种名叫"刚日纳顿"的祭神舞蹈，颇为有名。据说，自清代以来该寺就定期表演这种舞蹈，后来，寺院被毁，刚日纳顿由当地村民承袭、演出。1958年左右，该舞一度失传，后经村民们抢救，它又奇迹般重生，成为集宗教信仰与艺术表演为一体的一种藏传佛教法舞。

---

① 胡芳：《土族纳顿节仪式展演中的表演艺术》，《中国土族》，2007年第4期。
② 文忠祥：《三川土族"纳顿"解读》，《民族研究》，2005年第3期。

　　"刚日"藏语意为"面具","纳顿"土语意为"舞"或者"玩"的意思。"刚日纳顿"俗称跳神舞,这种法舞之名集合了藏语和土族语,十分典型地体现出当地土族百姓的宗教信仰形态,也反映出多元文化在当地的生息样态。土族群众普遍信仰藏传佛教,特别是互助一带的土族几乎都是喇嘛教神祇的信奉者,互助也是藏传佛教在青藏高原东北缘边区域的流播之地,虽然算不上藏传佛教文化的繁盛之地,但是,一些原来在西藏地区较为流行的宗教仪式仍较完整地保留在这里,刚日纳顿就是其中的一个典型。

　　法舞是在西藏土风舞的基础上,吸收藏传佛教仪轨和印度瑜伽宗面具舞的一些形式,集合而成的一种藏传佛教密乘仪式舞蹈。它的出现形象地体现了印度佛教沿高原丝路北上,与吐蕃本土文化碰撞、融合的历史过程。据说,公元 8 世纪初,印度莲花生大师应吐蕃赞普赤松德赞的邀请,入藏弘法,倡建桑耶寺,并将法舞传播至雪域高原。后来,一种融合了当地土风舞的法舞形式在寺院间传播开来,并形成一些固定的仪轨。公元 15 世纪,宗喀巴大师为纪念释迦牟尼神变伏魔,弘扬佛法,保护众生平安,在拉萨举行祈愿法会,把原黑衣舞改编完善后成为祈愿法会的一大仪式,自此,藏传佛教法舞正式形成。

　　刚日纳顿的表演形式和仪轨比起寺院传承的宗教法舞较为简略,每年正月初三,当地百姓到寺院举办祭祀活动,人们在佛堂前煨桑、点灯、叩头致祭后,由年轻人戴上面具,穿古装神衣或反穿皮袄,腰系梢铃带,手持五尺棍,在神器的前导下,挨家挨户跳法舞,为人们驱魔除疫。喇嘛教寺院表演法舞并不稀奇,但是,由信众为主体并把它与驱祟避邪与祈祷康泰等内容结合起来,形成颇具文化内涵的舞蹈形式,且在春节表演者,并不多见。它之所以能够传承数百年，与这种法舞形式古朴、仪轨简易，且与节庆娱乐活动相结合的特点不无关系。

　　藏传佛教的北向传播借助了唐蕃古道的文化传播功能，它在河湟地区的流布则丰富了当地的文化景观。土族百姓不仅信仰藏传佛教，还把诸如法舞之类的藏传佛教文化民间化，使得这一宗教文化的传承主体与承载样态多样化，这些都是湟中道上不同文化、不同人群、不同民俗相互影响、相互融合的美好华章。

贰

纵横河南道

河南道的东线北端为青海循化，自此越黄河向东南至白龙江流域，向东可进入汉中地区，向南可至四川；中线的丝道自北向南溯隆务河谷南下，经甘南草原，沿岷江南下至成都平原；西线的丝道越黄河沿岸的尕毛羊曲经今贵南、泽库、河南诸县至甘肃，再南下至四川，或从兴海、同德南下亦可接西蜀南道。

　　丝绸之路青海道主干线之一的河南道连结着巴蜀与青海高原，历史上是我国西南地区与中亚、西亚商贸、政治、文化交流的便捷通道。河南道的得名与吐谷浑被封"河南王"有关，最初指河南国境内丝道，主要分布在今隆务河流域。实际上，河南道各支线分布已然超出了隆务河流域，包括整个河曲之地。河南道的东线北端为青海循化，自此越黄河向东南至白龙江流域，向东可进入汉中地区，向南可至四川；中线的丝道自北向南溯隆务河谷南下，经甘南草原，沿岷江南下至成都平原；西线的丝道越黄河沿岸的孕毛羊曲经今贵南、泽库、河南诸县至甘肃，再南下至四川，或从兴海、同德南下亦可接西蜀南道。远古时期，马家窑人群凭借这条古道南下，西羌亦借此道迁徙；吐谷浑时期，河南道达到鼎盛，沿线有诸多著名的贸易重镇；宋元时，该丝道仍是西南地区与中亚、西亚进行贸易的便捷通道；明清时期，随着整个丝绸之路的衰落，河南道也沉寂下来，不过借该丝道进行的茶马贸易仍在继续。直到近代，这条丝道仍是沿线各民族经贸往来的主要通道。如今，它是海上丝绸之路经济带与陆上丝绸之路相连接的重要交通路线。

　　河南道所经之地是黄河上游的河曲之地，其东部是典型的多民族聚居区，汉族、藏族、撒拉族、回族、土族等生息繁衍于此，民俗文化也颇具多元特征。其西部、南部主要居民为藏族，文化面貌深受藏传佛教影响。唐蕃古道途经的果洛、玉树地区也是传统藏区，而它的部分线路与河南道的西线相重合，因此本章也涉及该地区的一些民俗文化。文化的交流不同于货物贸易，无法清楚地进行计量，它像串珠上遗落的珍珠，随处可见，又像随风飘动的云儿，捉摸不定，这就要你耐得住性子、仔细体察、耐心解读，便可发现人类在历史长廊里活动繁衍的真切信息。

多
彩
的
民
俗

俗话说"十里的氏道，五里的乡俗"。走进历史上河南道及唐蕃古道覆盖的地区，首先会被各地丰富多彩的民族风情、民俗风物所吸引，无论是飞针走线的艺术、黄河上惊险刺激的羊皮筏子，还是承袭久远的傩舞、历史悠久的格萨尔说唱艺术，或是释放野性的赛马会，都展现出丝路古道上各民族群众灵巧、智慧、奔放的民族精神。

贵南藏绣

远看一幅画，近看是针线，这便是藏绣。藏绣俗称针线，它在发展初期，以服饰为主，主要通过刺绣的方式来完成。后来，制作者在藏民族文化为底色的基础上，以藏族的宗教、生活等元素为主题，吸收中原刺绣手法及中亚、西亚文化等因素，形成了特色鲜明的藏绣艺术。藏绣是典型的藏区服饰艺术，是在唐卡绘画艺术的基础上发展起来的，与唐卡、堆绣并称藏传佛教的三大艺术，是藏族生活文化与佛教文化结合的产物。①

在河南道沿线，被誉为"藏绣之乡"的贵南地区，更是因这种独特的刺绣艺术而远近闻名。贵南县隶属于青海省海南藏族自治州，远古时期是西羌生息之地，草原王国吐谷浑曾驻牧于贵南茫拉河流域，分布在茫拉河流域的一些古城曾是吐谷浑的牙帐所在。在吐谷浑经营河南道的时代，贵南是中亚、西亚商团南下巴蜀的必经之地，当地的经济、文化颇为繁盛。吐蕃北上后，生息于贵南牧区的西羌、吐谷浑等民族逐步吐蕃化，加之藏传佛教的流播，经年历久，使该地区成为典型的藏族牧民聚居区。贵南传统农区主要分布在黄河沿岸的原拉乙亥乡（现已被龙羊峡水库全部淹没），以及沙沟、茫拉一带，汉族移民随中原王朝的屯田活动生息于此。贵南农、牧区各民族文化的汇聚、交流创造出诸多颇具特色的地方文化，藏绣艺术就是其中之一。

贵南藏绣是藏民族农耕生活中创造的观赏与实用并举的刺绣工艺形式，主要分布在茫拉、沙沟等地，当地藏族多是从黄南藏族自治州迁居至此的，如今过着半农半牧的生活。原来，藏绣主要用于唐卡刺绣、寺院经堂装饰等，藏族百姓用灵巧的双手，把绚丽多彩的刺绣和宗教信仰的神圣、庄严结合起来，在飞针走线之间传递出佛教之于藏族民众的深刻影响。走进当地的喇嘛寺，寺院顶棚上的藻井、大梁上的横幔、柱子上的垂幛，以及佛衣、法器、幢幡等，大多饰以藏绣，或本身即是藏绣作品，佛教的神圣与世俗的技艺完

① 卓玛杰：《青海藏绣民族工艺品的概述》，《商业文化》，2015年第15期。

美地结合起来，使得弘法之地有了些许世俗之美。除宗教信仰的需求外，藏绣已然成为藏民族装饰生活，体现审美情趣，提高生活质量的一种艺术形式。贵南藏族富有生活情趣，注重服饰打扮，比如，沙沟一带的藏族女性发饰、腰饰多用艳丽醒目的藏绣。华丽的艺术形式下，流露出的是藏民族对生活的热爱，以及对藏传佛教文化的尊崇。①

贵南藏绣的针法颇多，有平针、缠针、串针、套针、跳针、回旋针等十余种。原来，无论是唐卡刺绣还是民族服饰刺绣多以平针为主，图案、色彩也较单一。近年来，随着藏族群众生活水平的提高，对藏绣艺术水平的要求也在提升，加之藏绣企业为提高刺绣作品的附加值，多用套针、跳针等针法制作唐卡，制作技术水平随之上升。

为发展地方经济，增加农牧民收入，当地政府招商引资，发动藏绣艺人，以企业加农户的形式，逐步形成藏绣产业基地，藏绣也成为当地多个民族创收致富的"门路"。以茫曲镇为例，藏绣产业园建于当地藏族、汉族聚居区，众多藏族、汉族妇女从事藏绣，挣钱补贴家用。她们要经过技能培训，才能获得上岗机会。在藏绣老艺人的培训下，她们掌握了刺绣的一般技艺，尤其是了解了唐卡图案的设计理念及宗教意象，然后把材料带回家或在基地统一刺绣。藏绣技术复杂，对工作的要求也高，没有一定经验无法从事此工作。

一般来说，一件尺寸较大的唐卡要花数月时间才能完成，对艺人的耐性、眼力等都是一种极大的考验。因此，一方面，藏绣的产品附加值颇高，是贵南县出口创汇的主要产品，当地也因制作藏绣渐为外界所知，藏绣产品也号称最具特色的青海旅游产品之一，贵

---

① 彭毛卓玛：《茫拉夏朵戎哇藏族刺绣的民族文化学研究》，《青海民族研究》2013年第3期。

南刺绣《藏羚羊》《和谐四瑞图》等产品深受消费者青睐。另一方面，藏绣费时费力，不是轻易就能绣成的，在追求快节奏的当下社会，愿意从事刺绣的年轻人不多，所以从事藏绣的艺人多为中老年妇女，所以保护这种民俗文化也是当务之急。

贵南县是青海典型的农牧并举的地区。历史上，河南道贯穿其南北，使这块有着草地、河岸、沙地等多样性区域的热土一直受人瞩目。后来，河南道的沉寂使得此地的经贸人文消沉、衰落。近年来，青海旅游业迅速发展，但作为河南道故地的贵南似乎没有赶上这趟发展的"快车"。如今，在"一带一路"国家战略的指引下，贵南应当做大藏绣产业，加快旅游基础设施建设，不仅让藏绣艺术绽放多彩魅力，也让当地百姓能够共享时代发展的成果。

年都乎"於菟"

河南道中线所经黄南同仁，有一种民俗活动叫作"於菟"，因其神秘、独特的表演形式引起学术界的关注，后因被列入非物质文化遗产名录而广为人知。同仁县北部，距县府驻地一千五百米的地方，有一个叫作"年都乎"的乡镇，下辖年都乎、郭麻日、尕沙日、曲玛、夏卜浪、录合相六个行政村。居民中藏族人口占大多数，汉族、土族、回族等杂居其间。年都乎村村民以土族为主，他们自称"霍尔"。这个村子与藏族村庄毗邻，因此他们在宗教信仰、生活习俗、民族语言、服饰等方面都不同程度地受到了藏族文化的影响，尤其在宗教信仰方面，当地村民普遍信仰藏传佛教。日常生活中，村民皆操土语，但又能熟练运用藏语，同时又能以汉语与外界进行交流。该村拥有一座古城，称"年都乎城"，相传为明代移民戍边时所建，是该村较为古老的标志性建筑。

就是在这样一个村子，世世代代流传着一种叫"於菟"的民俗活动，它是当地土族民众祭祀山神的一种重要仪式，其主旨在于借助山神之力达到驱邪逐疫、祈福纳祥之现实目的。每年的农历十一月二十日是年都乎村民集体祭祀山神的日子，而跳"於菟"就是其中最为核心的仪式之一，寓意就是驱赶"於菟"。"於菟"是由一系列的仪式组成的，贯穿于整个农历十一月。从农历十一月初五开始到十一月十九日，年都乎村民都在进行仪式的准备活动，主要有宁玛派居士与年都乎寺僧侣的诵经仪式、称之为"邦"的娱人与娱神活动、献给年都乎地区各个重要山神的祭祀法会等。十一月二十日下午的内容是"於菟"仪式的核心部分，也就是跳"於菟"舞，进村入户驱赶"於菟"。

具体来说，每年农历的十一月初五至初七，藏传佛教宁玛派居士会念三天的平安经，这是年都乎村於菟仪式的前奏。起先，是居士、僧侣、普通村民自行诵经、祷告，而后大家会以年都乎寺为聚集地，举行年末的大规模诵经祈福仪式。现在，祷告活动完全程式化，由年都乎寺主持进行。

"邦"在当地土语中意为"集会"。农历十一月十九日晚上，村民在山神庙里集会，向山神祭祀、敬献祭品，举行各种文艺表演，大家唱歌、跳舞，举行娱乐活动。集会村民以男性为主，少有女性和未成年儿童参加。举行"邦"期间，巫师"拉哇"通常会以问答的形式与集会参与者互娱互乐：

拉哇问：堪才嘛赞才？

答：赞才。

拉哇问：赞才是阿里有哩？

答：家里有哩。

拉哇问：你手里拿的是什么东西？

手里东西的名称，拿着什么回答什么。

拉哇问：要给谁？

答：送给山神。（绝大多数如此回答）

拉哇问：藏语讲得好还是汉语讲得好？

答：藏语好。

拉哇问：你舒服的快感在哪里？

答：从心里来，从头顶来。

……

在"拉哇"的带领下，各种娱乐活动逐次展开，村里的成年男性开始唱歌、跳舞，既相互娱乐，又意在取悦山神，让其保佑村民身体健康、庄稼丰收。

接下来，就是整个"於菟"仪式最为核心的环节——跳"於菟"。农历十一月二十日被当地村民称为"黑日"，这天被认为是全年中最不好的日子，年都乎村村民要彻底打扫自家的庭院，并将垃圾清扫出家门。女人要洗头，男人多理发，不借入东西也不借出东西，不出远门，不花钱，忌讳做买卖。"於菟"仪式在年都乎村北山坡的山神庙举行，於菟"拉哇"是这场仪式的核心人物，而"拉哇"是以家族内部的直系亲属进行传承的。

仪式之初，於菟"拉哇"要祭祀各路山神，还要手执羊皮鼓，在庙内击鼓诵经。同时，仪式前挑选出的七名扮演"於菟"的青年男子开始在庙院内化妆，他们要在寒冬里脱去上衣，裸露上身，将裤子挽至大腿，然后用山神庙内长年积攒下来的香灰涂抹全身，要使整个人肤色青灰。而后再用墨汁在他们脸上、身上勾画出虎纹和豹纹，虎纹和豹纹本身也是身份的象征，其中画虎纹者为"大於菟"，由两名长者担任；画豹纹者为"小於菟"，由五位较年轻者充任。涂抹完成后，接着用施过咒语的白纸条将一撮头发扎起来，腰间缠上红布腰带，再佩戴一把藏刀，每人两手各拿一根一米多长的柏树枝。有些扮"於菟"者，会在脖子上挂上充气的羊肠，有些会口叼生肉，主要是为了展示威猛，令那些妖魔鬼怪感到害怕，不敢靠近。随后，"拉哇"会通过鼓点指挥扮演"於菟"者成两列纵队排开，并单膝下跪于殿前，"拉哇"等在山神庙殿内诵经、跪拜之后，再起身敬拜四方位，然后用酒瓶直接向"於菟"们灌酒。这一方面是为了使其保暖，另一方面还能使其处于一定的混沌状态，感应山神的神力。灌酒之后，"於菟"的扮演者在仪式结束之前不能再同任何人说话，他们要跟随着羊皮鼓点开始在山神殿门前跳起垫步吸腿的"於菟"舞步，逐步跳出山神庙，并在神庙外围环舞一圈。随着鞭炮及枪声的鸣响，五个豹纹"小於菟"沿道迅速跑下山坡，两个虎纹"大於菟"和"拉哇"等则随鼓点垫步吸腿缓缓尾随。

五个豹纹"小於菟"分南、北两路进村入户，他们不可以从正门进院子，只能翻越墙头进入。入到各户，"於菟"们可以叼食事先准备好的各色食物，且要用手里的柏树枝将"看子"串起来带走，这种"看子"通常是用面团在人身上尤其是病人身上揉搓擦拭之后再烧烤而成的，村民们认为"看子"能够粘除人身的病疫和厄运。如果某户家里有病人，一般都会让其在家中俯卧，当"於菟"入户时，让其在病人身上跳跃而过，代表着可以驱离"於菟"，除病去邪。值得一提的是，"於菟"们并不是见户就入的，他们会避开"拉哇"家，这是一直以来的传统。当小"於菟"穿越至城东门时，会和"大於菟"

85

及"拉哇"等人会合，并列为纵队继续缓步起舞，逐步舞出村子。

随后,在锣鼓声与鞭炮声中,"於菟"们迅速奔向村外的塞曲河边,村民们也会一边呐喊一边奔跑至河边,众"於菟"们将手中的树枝连同串着的"看子"一起抛入河中,这是"於菟"仪式的关键所在,也是这场仪式的终极目的,寓意抛除了村子里所有不干净、不祥、晦气的东西,使它们远离村民、远离村庄。接着,村民们帮着扮演"於菟"者凿开结了冰的河面,迅速将涂抹在身上的香灰、兽纹都清洗干净。当扮演"於菟"者和村民们从河边返回村子时,必须要跳过干草火堆,寓意不让妖魔鬼怪和晦气的东西再随着人们回来。"拉哇"还要在河边进行诵经仪式。之后,"於菟"仪式全部结束。

从民俗学角度看,年都乎"於菟"以清神、逐鬼、驱疫等巫术活动和相关仪式为表现形式,来求得山神的帮助与护佑,达到驱除妖魔鬼怪与不祥之物,祈福五谷丰登、身体健康等,从而使人们达到情感与心理的平衡与满足。"於菟"的一系列民俗仪式都具有特定的象征寓意,并展现出特定的文化模式,反映出当地村民的信仰体系及其内部秩序的维持机制。①

关于年都乎"於菟"的起源,因文献资料缺失而无从确考,目前较为常见的说法有两种:一是楚风古舞来源说,持此观点的学者认为"於菟舞"属于楚风古舞,是楚人信巫崇虎的遗迹。"於菟"是楚人对老虎的称谓,见于先秦文献。《左传·宣公四年》载:"楚人为乳谷,谓虎於菟。"今湖北云梦县古称"於菟","於菟"亦属于古楚巫舞,是楚人的崇虎傩俗。明时,随军队戍边屯田的汉族移民把这种习俗带至同仁,最终演化为年都乎村土族的祭祀习俗"於菟"。

① 唐仲山:《仪式、仪式过程及民俗物的关系——基于象征理论的"於菟"仪式解析》,《青海民族研究》2008 年第 4 期。

第二种观点认为"於菟"起源于西羌,青海河湟地区是西羌故地,一批西羌人南下迁徙至四川、云南等地,今纳西族、白族、彝族等皆有崇虎之俗,与同仁当地的"於菟"有着某种联系。此外,还有源于本教传统、源于蒙古文化、多民族文化融合等说法。① 显然,年都乎"於菟"的来源问题仍值得进一步探究。不过,无论上述哪种观点最终得到学界普遍认可,无法否认的是,年都乎"於菟"与丝绸之路关系甚密。如若年都乎"於菟"源于楚地,那么可以肯定的是明初汉族移民借秦陇南道至甘肃临夏一带,再沿黄河河谷行至隆务河流域,在这里驻军屯田,且这些居民来自江南的可能性很大;如若源自西羌,那么当地土族或许与西羌之间有着族属上的联系,且与我国西南地区一些少数民族的崇虎信仰有一定关联;如若与藏族本教或蒙古文化有关,那么,这又是丝绸之路青海道上南北文化交流、融合的一个印证。

黄河上的羊皮筏

河南道由北向南的交通路线,因为要越过黄河,与东西走向的湟中道、羌中道有着明显区别。青海河曲之地,黄河水清澈明亮,两岸风景也颇为壮观,但波涛汹涌的黄河,为两岸民众交往造成较大阻碍。据史料记载,西羌很早就在一些黄河大峡谷上架桥,曾大规模利用河南道的吐谷浑也在今尕毛羊曲、龙羊峡等处修建桥梁,打通南北丝道。黄河两岸还有一些著名的渡口,为人员往来、货物

---

① 李加才让:《安多热贡地区的民间宗教活动——对年都乎"於菟"节及其二郎神信仰的考察》,《西南民族大学学报》(人文社会科学版)2009 年第 5 期。

运输提供方便。有渡口，便有船只，在河南道一带的黄河岸边，当地百姓就地取材，用羊皮制成充气筒子，绑在木架子上，当作摆渡工具，这便是羊皮筏子。

羊皮筏子来历甚久。西羌发明"革囊"，即把牛、羊皮缝为囊后，充入空气，用以泅渡。《后汉书·南匈奴列传》载"作马革船"，说明当时已有用动物皮革做水上运输工具的技艺。《旧唐书·东女国传》亦载"用牛皮为船以渡"，可见那时已有今日所见牛皮筏子了。我国古代，黄河沿岸皆有使用牛、羊皮筏子的传统，人们不仅用它送人渡河，还用来装载货物。后来，中原地区造船业日趋发达，逐步取代了牛、羊皮筏子。但是，黄河上游的青海、甘肃、宁夏一带仍沿用传统渡河方式。正如范长江先生在《中国的西北角》一书中所言："西北水上交通，皮筏较木船为普遍。"直到近代，这些地区仍用牛羊皮筏子运送人员、货物。

在河南道沿线，常见的是羊皮筏子。制作羊皮筏子，首先要把羊皮整体剥下，待用油浸过后，把四肢缝紧，再充上空气，使它能够在水面上浮起来。羊皮囊一般是人用嘴一口一口地把空气吹进去的，当地有"吹牛皮"一说，估计与此有关联。羊皮囊制作简单，成本较低，加之河南道沿线多为牧区或半农半牧区，取材方便，这种运输方式因此能够传继千年。做好羊皮囊后，还要用木头扎好一个架子。架子木材多用杨树或柳树，把数根木头横竖捆绑在一起，做成一个长方形的木架子，用来固定羊皮囊。把数个、十几个、几十个甚至几百个羊皮囊固定在木架上，就可以下水当作运输工具了。

在古代，黄河上使用羊皮筏子的频率颇高，因为当时能够架桥的峡谷仅有几处，关隘要塞多用于军事，不是为民方便的交通设施。且因战火连连，修好的桥时常被焚毁，加之这些桥梁所在多为人烟稀少之地，对民众的往来方便意义并不大。因此，人们想要渡河到对岸，一般都使用羊皮筏子。可以想见，在河南道兴盛的时代，来自西亚、中亚的商贩行至黄河岸边，把货物运上羊皮筏子，转至对岸后，才可以继续用马驮、人背等形式向南前进。当时，羊皮筏子对东西贸易应当起到过重要作用。明清时期，河南道的商贸功能萎缩，用羊皮筏子运送货物的情况不见记载。但是，同样的情形也出现在湟水流域，湟水河上羊皮筏子一直承担着重要的运输功能。直到近代，西宁的羊毛、牛羊皮等地方特产运往兰州的主要方式仍然是走水路，而羊皮筏子是最为常见的水上运输工具。

河南道沿线的汉族、撒拉族皆有使用羊皮筏子的习惯。在青海海南州贵德、贵南、同德的黄河岸边，当地汉族用羊皮筏子载货运人，有时还运送马、牛等牲口。当地将筏船的人称为"筏子客"，他们一般由村里的青壮年、胆大者充任，多由经验丰富、深谙水性的"老把式"率领。"筏子客"在黄河上搞运输，等于在刀口浪尖上讨营生，因此有很多讲究，开筏之日，忌讳讲"破、沉、撞、没"等字眼，行进至曾经出过事的地方，客人忌讳打听此处地名，遇到寺庙还要主动磕头，以求保佑。

青海循化是河南道东线的北端，这里的撒拉族也使用羊皮筏子。羊皮筏子在撒拉语中叫"苏突路乎"，循化一带的黄河水流湍急，但这挡不住撒拉人依靠筏子"下田收麦，上山伐木"的脚步。撒拉族与丝绸之路颇有渊源。元初，撒拉族祖先经河西走廊，辗转至今甘南州夏河县的甘家滩，随后赶来的四十五人经天山南路进入青海地区，共同定居在今青海循化一带。[①] 撒拉族的文化受到汉、藏文化的影响，但主体上以伊斯兰文化为主，民族习俗和生活习惯多遵循伊

---

① 崔永红等：《青海通史》，青海人民出版社 1999 年版，第 274 页。

斯兰教教义。撒拉族原本以经商为主，来到循化后，多数从事农业生产。他们的生产生活方式多受汉族影响，比如，其服饰文化经历了保持原初特色到深受汉族服饰文化影响的一个过程。[①]撒拉人制作、使用羊皮筏子，大概也是受黄河沿线汉族影响，加上吃苦耐劳、勇敢无畏的民族天性，使得后来黄河两岸及湟水河上靠羊皮筏子讨生活者，多为撒拉族及回族。

如今，桥梁技术的进步，使得黄河南北两岸的人们可以轻轻松松到达对岸，加之青海黄河沿线修建了数座大型水库，多数地方水流速度极慢，不适宜人力为主的运输，因此，羊皮筏子基本消失。不过，作为祖先们聪明智慧的结晶，羊皮筏子并未完全退出人们的视线，循化县举办的中国青海国际抢渡黄河极限挑战赛上，羊皮筏子曾作为表演节目，令观众赞叹不已。实际上，青海黄河沿岸州县大可借鉴兰州市的做法，把羊皮筏子当作新丝绸之路上的旅游热门项目推广，让游客在惊险、刺激中体味当地百姓原有的出行方式，在休闲娱乐的同时，感受传统民俗技艺的魅力。

果洛"格萨尔"藏戏

果洛古称"俄洛""郭罗克"，原为党项羌地，后为吐蕃所辖，元时属吐蕃等路宣慰司，明时属朵甘思宣慰司，清时隶属成龙义道松潘漳腊营，1929 年归青海省管辖。果洛是高原丝绸之路的必经之地，魏晋隋唐时期，诸多高僧大德曾西行至今青海海西香日德一带，

---

① 马成俊：《论撒拉族服饰文化》，《青海民族学院学报》（社会科学版），2000 年第 3 期。

由此南下，经果洛花石峡前往玉树、西藏，再往南至古印度取经。果洛是传统藏区，黄河之源，这里孕育出了《格萨尔王传》等优秀的民族传统文化。

《格萨尔王传》是一部长篇英雄史诗，讲述了岭国国王格萨尔征战四方、造福人民的历史故事。它与蒙古族英雄史诗《江格尔》和柯尔克孜族传记性史诗《玛纳斯》并称为中国少数民族的三大英雄史诗。它是当今世界仍在传唱的篇幅最长的英雄史诗，共有120多部，2000多万字，代表了藏族民间口头叙事艺术的最高成就。就是这样一部举世瞩目的英雄史诗，其诞生之地即是青海省果洛藏族自治州。雄壮的雪山、美丽的草原、清澈见底的黄河水孕育出英雄格萨尔神话，当地藏族深信这里就是岭国，是格萨尔王的家乡。

在果洛，流传着一则关于果洛人由来的传说，名为"年保页什则"。据说，果洛人的始祖阿本父子虔诚地祭祈山神。有一天，阿本父子从恶鹤口中救出了年保山神之子，为酬谢救命之恩，山神将其三个女儿嫁给阿本之子，他们成了果洛地区的藏族群众的先祖。在果洛的族源神话中，年保山神是集上天神、中年神、下龙神为一体的神灵，他的儿女分别是天女、年女和龙女。这则神话与《格萨尔王传》中的描述类似：格萨尔为神子下凡，他的父亲为格单山年神，母亲为龙神之女，格萨尔是梵、年、龙三神相合的英雄。果洛地区流传的族源神话和《格萨尔王传》都有的三界观念和三神合一的思想，说明它们之间有某种文化亲缘关系。①

两百多年前，西方探险者来到果洛地区，搜集了《格萨尔故事》《格萨尔王传》《霍岭大战》等藏文手抄本，并且记录了民间说唱艺

---

① 杨恩洪：《史诗与民间文化传统：果洛藏区＜格萨尔王传＞的实地考察》，《民间文学研究》，1997 年第 2 期。

人的《格萨尔》唱词，译成外文，向外界介绍这一神奇的民族史诗。如今，《格萨尔王传》已被联合国教科文组织列为"非物质文化遗产"，被视作研究古代藏族社会历史、道德观念、民俗民风等的百科全书，成为诸多学者穷尽一生心力研究的文化课题，各地藏区也有很多艺人以说唱格萨尔史诗为生。在果洛，格萨尔史诗与藏戏相结合，形成了以演唱格萨尔史诗故事为主的一种戏剧表演艺术，即格萨尔藏戏。它沿袭藏族传统口头叙事史诗说唱艺术的同时，以演员依据说唱故事进行戏剧演出、展示戏剧情境，形成了具有独特美学特征的史诗戏剧表演艺术，成为传承格萨尔说唱艺术中的一朵奇葩。

据学者考察，"格萨尔"藏戏并不是果洛地区的原创，它源于四川甘孜州德格县的左钦寺，这座藏传佛教寺院以表演格萨尔藏戏闻名，与它相邻的德格县塞达寺也受到影响，有了格萨尔藏戏表演，果洛与之相邻，格萨尔藏戏由此传入。果洛藏戏主要以表演格萨尔史诗故事为主，因此，无论是表演方式、演出内容，还是艺术形式，都与青海其他藏区的藏戏表演有着明显不同。

果洛"格萨尔"藏戏起初在寺院表演，是一种自娱性质的表演艺术。20世纪80年代以来，众多藏人前往寺院观看，僧人也走出寺院至外地场所表演。格萨尔藏戏表演主要有两种形式。一种是广场马背藏戏，即在马背上表演，表演者所要表演的唱、念、舞、技等，都在马背上完成。这种表演不受时空制约，表演者在广场外表演圆场、绕场和过场，或借助实景的崇山峻岭、河流草原进行表演，以表现戏剧人物行路、追逐等场景。唱、念、舞、技等表演则一般在场地内进行。各个角色轮番演唱后，行至场外山坡上按顺时针绕行一周，再回到场地表演，这类似于戏曲中的"过场戏"。另一种为广场格萨尔藏戏。它与早期藏戏相似，是虚拟的无实物表演。虽然表演舞台也设在空旷的草地上，但没有与剧情有关的具体场景，全凭演员以肢体动作虚拟戏剧场景，让观众产生身临其境的感觉。表演者虚拟的"舞"和"技"都是现实生活中提炼出的夸张动作，且更加具有典型性，使观众感受到独特的美感。[①]

果洛格萨尔藏戏内容基本涵括了整个格萨尔史诗，且因寺院不同，剧目也有不同。正式表演时，在乐队的伴奏下，说唱人"仲肯"演唱整个剧并介绍人物和即将发生的故事，演员们依次登台且用肢体动作解说说唱内容。说唱进行的同时，其他演员在广场外骑马表演行进、战争等场景，待演完后下马坐成一排，用道歌曲调吟唱，以配合"仲肯"的说唱。这种表演既保留了格萨尔说唱叙事的曲艺表演形态，又体现了藏戏歌舞性与戏剧性的统一，[②]观之令人赞叹其美学思维的独到和表演形式的丰富。

"一带一路"国家战略的实施，使得果洛成为青川大通道的重要组成部分。在建中的格尔木至成都高速公路已修通格尔木至花石峡路段，花石峡至大武镇路段也计划通车，加之果洛机场已建成运营，规划中的新疆库尔勒至成都的铁路也要停靠此地，果洛在新丝绸之路交通网中的地位势必会更加突出。在大力开发旅游业的同时，除宣传推广年保玉则、阿尼玛卿雪山、黄河之源等自然风光外，果洛当地如若更好地挖掘格萨尔藏戏中的人文底蕴，将会吸引更多人关注这片神奇的土地，这颗丝路上的明珠也必将大放异彩。

---

① 曹娅丽：《青海果洛"格萨尔"藏戏艺术》，《西藏艺术研究》，2003 年第 4 期。
② 曹娅丽、邱莎若拉：《论"格萨尔"藏戏表演的审美特征——以青海果洛地区格萨尔藏戏表演为例》，《江苏社会科学》，2016 年第 4 期。

玉树赛马会

青海玉树在藏族地理概念中属于传统康区，地处青藏高原腹地的三江源头，平均海拔在 4200 米以上，玉树市距西宁 800 多公里。玉树素有"江河之源""歌舞之乡"的美誉，唐蕃古道穿过玉树，连接着青藏高原的南北两大区域，今玉树市结古是这条高原丝道上的商贸重镇，自古以来就是青海、四川、西藏民间贸易的集散地。

在独特的地理环境和悠久地域文化的浸润下，玉树民众创造发展出了自己的独特文化——马文化。长期生活在这一地区的人们，无论是在原始的游牧狩猎经济活动时期，还是在残酷的民族部落战争中，都离不开马。马背上的纵横与驰骋使他们得到了更广泛的文化交流，骏马造就了英雄，英雄依赖着骏马，养成了长期在草原上游牧生活的勇敢彪悍的性格。所以在藏民族的英雄崇拜中勇敢、智慧成为他们敬仰和崇拜的美好品质，也是衡量优秀男人的标准。久而久之，这种崇拜马文化的现象在藏族人民中积淀下来，在民俗文化中，优秀的骑手不仅是人们崇尚的对象，日常饮食中也普遍禁止宰杀或煮食马肉。

据说，玉树赛马活动是从西藏江孜地方流传而来的。500 多年前，江孜法王饶丹更桑的祖父帕巴白桑布在担任萨迎王朝内务大臣和江孜法王时，在群众中颇有威望。他去世以后，弟子每年都要举行大型的祭祀活动来纪念帕巴白桑布。后来，祭祀活动的内容慢慢变得丰富多彩，逐步形成江孜赛马节。五世达赖喇嘛强化藏区的政教合一统治后，由西藏地方政府统一委派僧俗官员管理各藏区，江孜赛马节也由这些僧俗官员统一管理。随着时间的推移，赛马活动从江孜传到拉萨，再北上至姜塘，最后由那曲传至玉树及今四川、甘肃等藏区，便有了玉树赛马会、康定跑马会、天祝赛马会等。由此可见，唐蕃古道的文化传播功能甚为强大。直到明清时期，源自西藏的一些民俗文化也通过这条著名的高原丝道向北传播。

在这样的历史传承背景下，玉树的赛马会一开始就与藏传佛教信仰密不可分，在赛马会上，获胜意味着未来的一年都会一帆风顺，也能得到神灵的佑护，而帮助骑手获胜的赛马也会得到主人的奖赏。玉树赛马会举办数年后，逐步形成一定的程式，每年夏季7月草肥马壮之时，玉树草原上都要举行隆重的煨桑祭祀和赛马活动。这些都是具有纯宗教意味的活动，虽然我国各藏区自古以来都有赛马活动，但是玉树的煨桑祭祀和赛马是融为一体的，但凡举行赛马会必定举行神圣、庄严的煨桑活动，且全民参与，这是玉树赛马会的一大特色。[①]

现在，一年一度的煨桑赛马，已然成为玉树草原上盛大的节日。每年的7月25日，在今玉树州州府所在地结古镇附近的巴塘草场或扎西科草原都会举行大型赛马会，持续五至十天。2008年6月，玉树赛马会入选国务院批准文化部确定的第二批国家级非物质文化遗产名录。2010年，玉树地震后赛马会停办，直到2014年才恢复。

玉树赛马会的规模一般有三种。第一种是村乡级赛马会，相对来说，这类赛马会举办规模较小，以村为单位，骑手一般都是以个体或家族为代表参赛。第二种是县级比赛，玉树藏族自治州下辖一市五县，即玉树市、称多县、囊谦县、杂多县、治多县、曲麻莱县，每个县都有自己的赛马会。县级赛马相对村级赛马更为隆重，除了赛马活动之外，还有歌舞表演等活动。一般是由当地政府主导与当

---

① 嘉雍群培：《玉树草原的煨桑祭祀和赛马》，《中国西藏》（中文版），1996年第1期。

地民众共同组织进行，资金、设备及管理主要由政府负责，民间主要负责组织志愿团体，进行歌舞及赛马等各种活动内容。赛马选手由各乡镇选拔，并作为各乡镇的代表进行参赛。第三种是州级比赛，这是玉树最为隆重的赛马会，其组织形式与县级大致相仿，但整体活动形式和内容更为多元，参与人数更多，组织规模更大。①

在玉树赛马会的时间地点确立之后，当地政府就开始挑选比赛项目及其比赛规则。在赛马活动中对选手和马匹的规定是很讲究的，首先对于骑手而言，骑手的年龄必须在 50 岁以下，因为年龄的偏高对于一项竞技类活动是有危险的。骑手在比赛过程中不许喝酒或者带病上场，以免发生意外。对于马匹而言，最重要的规定就是马的性子不能太烈，赛马会是一个集体活动，在这样的一个场合里，需要保证骑手的安全，当然性子稍烈的马可以得到观众更多的欢呼声和掌声。赛马会作为一个传统的文化活动，正式开场前要举行一定的敬神祭祀仪式——煨桑，也是开场仪式。身着节日盛装或古戎装的骑手们骑马背枪，枪上挂上各色小旗，一见桑烟冲天，数百名威风凛凛的骑手冲向前去，围绕桑堆按顺时针绕三圈，祈求神灵保佑，取得竞技胜利。整个赛马活动，一般有走马、速度赛马和赛牦牛比赛等活动。

走马比赛一般赛程为一千米，参加走马赛的骑手通常都是具有丰富赛马经验的中年人，可以控制马的走势和速度。比赛时，马的四蹄不能同时跃空，要求在平稳中有速度，稳中求快，并在最短的时间内到达终点者获胜。走马非常讲究骑手和马匹的配合，一般都要经过长期的训练才能够完成。骑手在进行走马比赛时要勒紧缰绳，

---

① 贺喜焱：《青海玉树赛马会田野调查——以"第八届康巴文化旅游艺术节暨玉树赛马会"为个案》，《青海师范大学民族师院学院学报》，2015 年第 2 期。

身体尽力后仰，并且与马一起在跑动当中保持优美的姿势，如果在比赛当中出现跑马等动作就会被认定为犯规而取消名次。走马受到民众的喜欢的一个原因就是参赛马匹的装扮非常好看讲究。马鬃被梳理平顺并用五彩绸布扎成许多细辫，马尾也要用彩绸精心梳理成不同形状，再配以华美的马垫、马鞍等马具，使得整个马匹看起来精神焕发。

速度赛马是最激烈的赛马项目，是竞技比赛与野性释放的完美结合。参加短程赛的骑手一般没有年龄限制，但参加长程赛的骑手一般都是十几岁的少年。长程赛是对马的速度和耐力的极大考验，少年参与主要是为了减轻马的负重，使参赛的马能够保持充足的体力跑完全程。赛马会上依次进行的是下等马、中等马和上等马的速度赛。参赛骑手是康巴"三州一地"选拔出来的，参赛的骑手和马都要披红挂彩，骑手身上也披着哈达、彩绸；马头上装饰着鹰翎或雁翎，马尾也要系上红红绿绿的绸带。依照传统速度赛没有预赛、决赛之分，一次跑完决定胜负。

赛牦牛也是藏族的传统民俗活动。牦牛性情比较暴躁，难以驾驭，调教和训练牦牛参加比赛更加凸显了藏族民众善骑的本领。赛牦牛的赛程一般在一千米左右，分为预赛和决赛。在分组预赛中选出优胜者参加决赛。决赛时，从预赛中选拔出参加决赛的骑手和牛都不能更换，否则成绩无效或取消比赛资格。与赛马一样，比赛前骑手和牦牛都要装扮一新，骑手或头戴礼帽，或头扎彩色绸缎，身着轻便藏袍；牛毛梳理平顺，并在牛角上系着各色彩绸、披红戴花，预示吉祥如意。参赛的骑手一般都是十几岁的少年，因为体轻灵巧，便于驭牛。

除了以上三类最主要的竞技，其他一些马背上的比赛也十分壮观，骑马射箭是骑手在马快速移动过程中进行射击的项目，不仅考量骑术，更是对射箭水平的竞技。骑马拾哈达更是一项高难度比赛，不能减速或停止来拾取哈达。还有马上杂耍，如马上悬体和马上倒立，在马背上掌握平衡以及骑手自身的身体素质都极其重要。种类繁多的马上竞技项目中，观众都能感受到这种赛马文化带来的强烈震撼，从骏马、骑手的装饰到赛马过程，都表现了藏族民众勇敢、乐观的精神和态度。

赛马会期间，除赛马、射箭、各种马术表演等传统项目外，还有抱石、拔河、摔跤等项目，还有文艺演出、电影放映，各地的格萨尔说唱艺人也会前来演唱，听者如潮，盛况空前。节日期间有大型物资交流活动，周边藏区群众纷纭而至，当地特产冬虫夏草、雪莲、酥油、酸奶等倍受游客欢迎。

玉树赛马会是当地最具特色的民族节日，它逐渐突破了传统体育文化竞技，成为集民间体育、文艺表演、服饰展示、物资交流等于一体的大型节日。赛马会也充分反映出玉树藏族的物质生产、历史文化、民间习俗、宗教信仰、价值观念和审美取向，富有民族性、地域性、娱乐性，已然成为承载民族交往、传播时代信息的盛会。[①]随着玉树巴塘机场的启用，共玉高速的通车，以及玉树与四川等地公路交通条件的改善，一条经过玉树结古镇通往各地的新丝路已然呈现在世人面前，结古也仍会扮演藏区贸易集散地和新丝绸之路中继站的角色，而玉树赛马会也将成为唐蕃古道上的新民俗。

---

① 徐明：《玉树赛马节的社会学思考》，《青海民族研究》，2007 年第 3 期。

第二节

凝固的艺术

在河南道上，你会遇见一些凝固的艺术，比如，巧夺天工的热贡唐卡、壁画及雕塑，颇具中原建筑风格的清真寺，神奇的粉彩坛城等，这些都是人类智慧与勤劳的结晶，也是丝路上文明传播的结果。手捧精美的唐卡，立于佛教壁画之前，或流连于古朴的建筑群落，令人陶醉，也使心灵得以净化。

热贡艺术

热贡艺术因诞生于河南道中线所经隆务河流域的热贡（藏语中同仁、泽库地方叫法）而得名，且随着颇有盛名的隆务寺而发展，是当地唐卡、壁画、堆绣、雕塑等绘画造型艺术的总和。这些绘画造型艺术以藏传佛教中的佛本生故事、神话传说及历史人物等为主要内容，以其独特的审美观念、独有的艺术技法在藏传佛教、民间美术、建筑艺术等方面具有重要的艺术价值。如今，热贡艺术已列入非物质文化遗产名录，热贡唐卡也成为同仁县的支柱产业。

热贡艺术主要流传于同仁的吴屯、年都乎、郭麻日、尕赛日等村，这里是明初分兵屯田之所。《循化厅志》载有"保安四屯"，即吴屯、季屯、李屯、脱屯，当地居民来自江南及甘肃河州一带，经年历久，语言、服色皆染上了"藏风"。后来，除吴屯外，其他三屯改为藏语地名。因此，这种艺术形式曾被命名为"吴屯艺术"。1986年左右，当地以"热贡"来命名这种艺术形式，且逐步固定下来。热贡艺术承袭了西藏绘画艺术，而西藏的绘画艺术又受到印度、尼泊尔佛教文化影响，一开始即有浓厚的域外风格，所以热贡艺术也承续了这一特点。

据学者研究，热贡艺术发展史可分为三个阶段。自元代至明万历年间是热贡艺术发展的第一个阶段。彼时，热贡艺术主要流传于四屯以外的藏族寺院及村庄。这一时期的热贡艺术作品技法粗放古朴，色彩单纯，带有较典型的印度、尼泊尔风格。第二阶段为明万历以后至清末，这一时期热贡艺术传入四屯，热贡艺术走向成熟并形成流派。据说，著名画师曲麻扎卫措洼勒哈拉卜造及其徒弟噶日班直达罗藏核日布把这种艺术传至四屯，并培养了众多画匠高手。但据当地出土的石碑材料看，万历之初当地就有汉姓画匠。据此可知，热贡艺术是汉族艺术和藏地佛教艺术结合的产物。数百年的发展，使热贡艺术技法渐趋成熟，从而进入繁盛时期。这一时期，热贡艺术的造型由原先的粗犷活泼发展为端庄、凝重，色泽匀称，技法精致，且注重画面的装饰效果。19世纪后期至20世纪中期，热贡艺术进入第三个发展阶段。这一时期，世代传承积弊突显，少有创造性作品问世，装饰艺术盖过了佛教造像，过于追求精致的艺术手法使作品充满匠气。[①] 不过，热贡艺术并未随着科技时代的到来而完全衰败，相反，它的艺术魅力借助着新时代的传媒广为人知。20 世纪 40 年代，著名热贡艺人夏吾才让曾随师受聘协助张大千赴敦煌临摹壁画。他们临摹的作品构图精巧，色泽鲜丽，富于装饰性，且艺术效果不同凡响，因而受到世人称赞。

热贡艺术种类颇多，有壁画、唐卡、堆绣、雕塑等。热贡壁画主要是布壁画，作画前先要把画布打湿绷在木框上，然后用白石灰水刷一遍，使布质软化，再把布平铺在光滑的木板上，用卵石反复磨压，并将水胶粉液刷到布上作画，画好后绷到墙柱上。

唐卡是热贡艺术中最为常见的艺术形式。唐卡，藏语意为"卷轴画"，最初可能是为了信徒方便携带，故又称"行像"。后来，唐卡主要用于室内供奉，制作的尺寸有大有小。唐卡的制作方法有绘画、缂丝、堆绣等。热贡艺术中常见的绘画唐卡，用金、银、珍珠、玛瑙、珊瑚等珍贵的矿物宝石和藏红花、大黄等植物为颜料，在画布上上胶、打磨、草图、上色、勾线，用鲜艳丰富的色泽表现佛的世界。

堆绣是用绸缎制作的一种藏传佛教艺术形式。它由各色绸缎面料剪贴、缝制而成，具有较强的立体感，可分为堆绣唐卡、堆绣帏幔、堆绣柱饰及其他装饰品。热贡堆绣工艺分两种：一是将民间刺绣工艺与填充浮雕相结合的软浮雕，突起的立体结构上加以色彩处理，使之具有完美的浮雕效果。二是用软面料剪制成形，用粘贴的方法进行组合拼接，表现出平整规划的浮雕效果。堆绣大则能制几百米，小则几厘米。

[①] 赵清阳：《热贡艺术历史考察纪略》，《西藏艺术研究》，1996 年第 4 期、1997 年第 1 期。

热贡雕塑以泥塑为主，兼有木雕、石刻、砖雕等，泥塑主要有彩塑和单色（金色）之分，多以立体造型为主。泥塑的工艺包括选型定稿、泥料加工、龙骨搭架、轮廓塑形、局部调整及金饰或彩绘等。木雕刻可分木雕、木刻两大类，木雕大多为立体圆雕或透雕，造型有神佛像、蟠龙柱及供奉用具等，有彩绘或涂金单色。木刻一般为平面浮雕作品，大部分用于寺院建筑、佛神像及木模具、经文板刻饰等。砖雕为寺院建筑装饰，有立体和平面之分，主要用于寺院殿脊及角檐为主体的造型。石雕有立体透雕和平面平雕两种，石料一般用软性石板。

热贡艺术的题材以藏传佛教为核心，涉及藏民族政治、经济、历史、民俗等各个方面，大体可分为斯巴霍、传记画、偶像画、历史画、风俗画和故事画等。斯巴霍，即《生死轮回图》或《六道轮回图》，表现了密宗"因果报应""轮回转世"的抽象教义。传记画以"佛本生故事"和"佛传故事"为主，还包括藏王传、法王传、大师传等。偶像画包括佛陀、菩萨、罗汉、四大天王、度母、护法本尊等众多佛教神祇。历史画即以画言史，反映藏族历史。故事画以《猴子变人》为代表，生动地展现了猴变人的藏族族源传说。

热贡艺术的形成、发展显然与丝绸之路有深刻的关联。印度、尼泊尔绘画艺术的北上传播仰赖于唐蕃古道及其南端的丝道，西藏绘画艺术传入隆务河流域则凭借了河南道。隆务河流域设有明朝驻军屯田的重镇，因此当地的汉族居民也将中原艺术及宗教文化带到此地。以吴屯为中心的四屯地区最终成为热贡艺术的核心区域，说明汉藏文化的结合是热贡艺术的生命力所在。待这朵美妙的艺术之花在河南道中线生根、发芽、成熟之后，又借助丝绸之路传播至各地，包括这一艺术形式的原生地。它是一种凝固的艺术，也是藏族艺术史上的一朵奇葩。它不仅让虔诚的宗教信仰世代传承，也使当地百姓有了养家糊口的技术和创造美好生活的信心。

撒拉族清真寺

在丝路古道上，每个民族在与其他民族文化碰撞、交融时，一般都会把其他民族的优秀文化因素吸收进来，进而形成自己的文化特色。在河南道东线北端的循化县，有一些既带有伊斯兰文化色彩，又有汉、藏传统建筑艺术美感的清真寺，十分生动地呈现出多元文化的特点，反映了河南道上多民族文化交融发展的历史。

清真寺，又称礼拜寺，是穆斯林群众做礼拜的地方。穆斯林的宗教生活、经堂教育、政治、经济、文化等活动都离不开清真寺，因此，清真寺的建筑可以直观地反映当地的文化特色，是一种真正意义上的凝固的艺术与民俗。

撒拉族清真寺建筑一般由礼拜殿、牌坊式大门、唤礼楼、讲经堂、沐浴室、配房等组合而成。元朝初年，撒拉族祖先迁入循化后，为进行伊斯兰教宗教活动，随行工匠在街子马家村建成第一座撒拉族尕勒莽清真寺。明初，撒拉族人又在街子三兰巴海村修建雄壮宏大的街子清真大寺。至清代，随着社会经济的发展，基本上每个撒拉族聚居的村落都建了清真寺。在这些撒拉族清真寺古建筑群中，最具有代表性的是街子清真大寺、科哇清真寺、孟达清真寺、张尕清真寺等，它们保留了部分明清时期清真寺的特色，也保留了中原汉式风格的建筑，具有很高的文化艺术价值。

著名的孟达清真寺就采用了汉式建筑风格。其整体布局采用的是中国传统四合院的平面布局，总平面为一个正方形，总面积为一千六百平方米，以东西方向为中心线，形成南北对称、层次分明的建筑布局。东端院墙正中是全寺中心线的起点，寺院正东中央方向建有壮观的唤礼楼，在正西方向建有礼拜殿。大殿为主体建筑，五大开间，殿体建在寺西高台阶上，前后殿带廊衔接，呈"凸"字形，其南北两侧相对建有中间高边缘低的三间牌坊门，与大殿的平面形制相互对应，形成了错落有致、精妙绝伦的建筑风格。孟达清真寺的礼拜殿、邦克楼、牌坊式大门的建筑结构和材料上都体现出了浓厚的中国传统建筑色彩。他们都是由大木建造的，与阿拉伯砖砌风格完全不同。孟达清真寺礼拜殿建筑，绘梁画栋，以三面坡、歇山式、卷棚式前中后连接式，一殿三式屋顶，三式木梁架，前低中高后矮，构成十二个脊顶。[1] 邦克楼有三层，高约十米，六角体形制，建筑结构为穿斗式梁柱架和聚椽式垂柱楼梁架。楼体二、三层铺置厚木板，楼中有木梯盘旋而上，登上邦克楼，循化的自然风光一览眼底，而这些建筑布局和建筑结构都饱含中原建筑风格。孟达清真寺牌坊式大门也是木结构，牌坊门为四柱单列三间形，人字形牌坊门顶，形成中高边低的"山"字式牌坊体，这是典型的中原大门形制。

撒拉族清真寺古建筑也受到了藏族文化的影响，一些清真寺不仅有殿堂彩画，且这些彩画具有浓厚的藏族文化色彩。科哇清真寺大殿梁架均有漩子彩画，枋心内用漩花和团花，藻头用漩花或阿文，箍头用锦文，前廊等处的砖雕图案也有浓郁的藏族特色。此外，塔沙坡清真寺、孟达清真寺、木厂清真寺都雕刻着具有藏族特色的图案，例如龙、凤、鹊鸟等。

---

[1] 马进明：《见证历史的撒拉族古清真寺》，《青海日报》，2008 年 10 月 10 日，第 7 版。

近年来，撒拉族清真寺主体建筑多以现代工艺展现伊斯兰建筑风格，其木雕、砖雕、彩绘等艺术则展现出多民族艺术风范相结合的特点。

撒拉族清真寺主体建筑遵循着伊斯兰教清真寺的基本建筑风范，这是其基本特点。首先，因为穆斯林礼拜要朝向麦加克尔白的方向，撒拉族清真寺的礼拜大殿都是坐西朝东的方向，这是穆斯林必须遵守的原则。其次，撒拉族清真寺无论是彩绘还是木雕、砖雕都没有人物形象。《古兰经》上说："一切清真寺，都是真主的，故你们应当祈祷真主，不要祈祷任何物。"伊斯兰教反对偶像崇拜，所以撒拉族清真寺的砖雕、木雕、彩绘多是花草、几何图纹、鸟类图案。最后，撒拉族清真寺中一般都要建沐浴房，穆斯林礼拜之前必须沐浴净身，通过礼拜来净化心灵，坚定自己的信仰。

木雕装饰是撒拉族清真寺古建筑中最惟妙惟肖、独具匠心的建筑工艺。礼拜殿、唤礼楼、牌坊门上的平板、插板、楼阁、门面等地方均刻有精细的木雕，图案的取材多来源于山川草木、花卉飞鸟、博古珍玩等，同时将云纹、阿文字体，加以几何图案或云波文体运用到雕刻中，从这些取材的对象来看，都是撒拉族人民对美好生活的追求。这些木雕形式精致、新颖，手法创新独特，刀法精致，堪称是撒拉族雕刻技师巧夺天工的艺术作品。木雕装饰为撒拉族清真寺增添了一种古色古香的魅力，无不透漏出撒拉清真寺神秘、圣洁的意境。

砖瓦雕饰是撒拉族古清真寺建筑艺术的重要组成部分。砖雕艺术以伊斯兰文化为核心，在汉族和其他少数民族的影响下形成了撒拉族别具特色的艺术特征。砖雕主要集中出现在唤礼楼底层围墙面、牌坊门座两侧照壁式墙、礼拜殿檐廊内外山墙、八字墙、歇山花墙、南北配房、廊道、山墙和各建筑体屋顶面。图案的取材多为松、梅、竹、菊等具有中原文化意味的植物。撒拉族清真寺砖木雕刻精湛，砌筑层次分明、栩栩如生、构思精巧、精妙绝伦的砖雕艺术为撒拉族清真寺增添了庄严、典雅、厚重的氛围。

绚丽的彩绘给撒拉族清真寺增添了一种活泼、生动的气氛。在孟达清真寺中所有的木构架都做了彩绘，整个大殿五彩缤纷、色彩斑斓，刷着各种色彩。在科哇清真寺的礼拜殿中，内檐面、墙面柱体和前殿所有木柱梁架都有彩绘。殿内的彩绘取材对象多是花草、树木、动物，如典雅的牡丹、淡泊的菊花、纯洁的莲花，加以几何图案来装饰古兰经文。这些绚丽多彩的彩绘艺术，使端庄静穆的礼拜殿堂增添了些许生活的气息。

总之，撒拉族清真寺建筑实际上是伊斯兰、汉族及藏式建筑及装饰艺术的完美结合。在伊斯兰教文化的影响下，撒拉族清真寺建筑无不体现着穆斯林的虔诚信仰，撒拉族清真寺仿照中国传统的四合院建筑布局和木质结构建筑，整体呈现出一种层次有序、庄严典雅、布局严谨优美的建筑布局，再加上藏族的绘画及装饰艺术，使撒拉族清真寺建筑展现出多民族融合的特征。由此可见，河南道不仅影响着青藏高原的民族地理分布，也为多民族文化的融合提供了契机，而散落于河南道的撒拉族清真寺则以其凝固的艺术之美很好地诠释了这一文化现象。

撒拉人家的篱笆楼

随着时代发展与科技进步，现代建筑越来越注重建筑的实用性和经济性。工业化的长足发展也使得现代建筑材料不断更新，建筑理念也较之前有很大不同。传统的土木结构民居也因其建筑用材、建筑成本以及城市化进程逐渐处于淘汰边缘，取而代之的是现代砖混结构的高楼大厦。这种情形下，位于青海循化撒拉族的篱笆楼以其独有的建筑风格和建筑形式在现代建筑中显得尤为特别。

篱笆楼是一种木、石、土混为一体的民居建筑，因楼房墙体大部分用树条笆桩制作而成，故名篱笆楼。撒拉族篱笆楼集中在青海循化县孟达村，该村距循化县城二十五公里。孟达篱笆楼历史久远，经历了明代至今四百多年岁月却依然风貌犹存。篱笆楼一般依靠夯土院落墙修建，分为上下两层。上层为卧室、客房、火房和浴室等，是家庭日常生活和住宿的地方，下层一般作为仓库及圈养牲畜的场所。以前，循化山林茂盛，为建造篱笆楼提供了大量的优质木材，篱笆楼整体框架以木质结构建成，而墙体也是用山林中的细小树枝及藤条编织而成，其上再以黑土和杂草涂抹，待黑草泥风干以后再在上面涂上一层较为细腻的白色泥土，即节省材料又美观。整个篱笆楼以木质结构建成，透气性非常好。撒拉族先民在建造篱笆楼的过程中充分考虑到当地的地形因素、气候条件等实际情况，在不失其原有建筑风格的基础上融入了当地的建筑特点，取材方便又节约土地，整体布局美观大方，充分体现了撒拉族人民的聪明智慧和接受多元文化的开放性。因此，篱笆楼不仅表现了撒拉族独特的建筑艺术，也是撒拉族建筑风格的历史记忆，同时积淀着多民族的文化成果，是世所罕见且具有民族区域特色的古建筑。

自元代起，撒拉族便在孟达地区聚居。虽然每家的居所各自独立，但一家与一家之间又紧密相连。撒拉族的居住结构和布局也主要依据血缘亲疏远近分布，血缘相近则居住得就近，血缘远则住得也远。撒拉族每个村落的都是以"孔木散"为单位而形成的，意为有着父系血缘的远亲。每个"孔木散"至少有十户人家，一个个"孔木散"构成了一个村落。[1] 不同的村落之间有着地理分界线，一般以水渠居多。明末清初，随着人口的增加和生产力水平的提高，篱笆楼的建造技术已日臻成熟，这一时期孟达地区的篱笆楼以二层的木框架结构为主，并以雕刻技艺对木构件进行装饰，主要装饰部位有屋檐、栏杆、门窗等。清代中期，孟达地区巷道两侧篱笆楼高低错落，房前屋后绿树成荫，村落巷边渠道纵横，形成了优美的村落景观。清代末年至民国时期，战乱频发，经济衰退，这一时期的篱笆楼面积趋向狭小，木质低劣，工艺粗糙，形制简化，很少有精美的篱笆楼留存于世。

篱笆楼通常为二层框架结构，院落布局以四合院或三合院形式为主，大门位于院落的南墙部分。院内的具体布局形式与家庭成员数目及家庭经济状况有关，不过无论贫富，民居院内房屋的位置大都以院子中轴线采取左右对称分布，这样一来更加凸显了篱笆楼在院落中的主体地位。院落外部建造厚重、封闭的夯土庄墙，庄墙底层采用石头砌筑基础，墙体采用层层夯筑方法建造，庄墙向上逐渐收缝，剖面呈等腰梯形。篱笆楼沿夯土庄墙布置，院落中央围合形成庭院，庭院内修建花坛，种植花卉和果树，营造出清新雅致的内部环境。

篱笆楼的墙体很有特色，底层局部墙体采用卵石砌筑、土坯砌筑或黏土夯筑等方式建造，其他大部分墙体采用篱笆墙的形式，即用孟达山区特产的树木枝条编制而成，墙体两面抹以草泥，草泥表面抹灰。篱笆墙的编制形式多样，既有横桩竖编，也有竖桩横编，编条有粗有细，墙面丰富别致，具有良好的防盗、防潮、防震、防

---

[1] 马鸣：《浅谈撒拉族的古民居建筑》，《中国土族》，2015 年 4 期。

火功能。用夯土砌成的墙裙也别具特色，一般都是用砖雕镶嵌，砖雕的图案一般为简单的花卉。篱笆墙这种墙体做法不仅拓展了建筑材料的选用范围，还融入了朴素的手工编笆技术，从而形成了具有独特风格的区域性建筑。

篱笆楼的正房通常坐北朝南建造，厢房的布局较为灵活，所有房屋朝向庭院一侧开窗。楼体分为上下两层，两层的篱笆楼建筑空间更加丰富。上层一般分为三间，一间堂屋，两间厢房。堂屋居于上层中间，两边的厢房为卧室。堂屋的内部家具摆放也与汉族相似，皆是对称摆放。堂屋为接待宾客以及家庭举办各种婚丧嫁娶之类大事的场所。堂屋正中间安放着一张四方桌，俗称"八仙桌"，桌上有序地摆放着香炉、盖碗等。因为撒拉族信仰伊斯兰教，所以有的人家也在堂屋挂有《古兰经》的经文条幅。[①]卧室里也顺着墙壁砌有火炕，炕上放置着衣柜、炕桌和其他家具等，与西北汉族的布置无异。上层在朝向庭院一侧形成开阔的连续外廊，外廊上部有屋檐遮盖，并通过木楼梯与首层房屋或庭院相连。外廊既是家中休憩的场所，也是晾晒谷物的场地，同时还是居室与庭院之间的过渡空间。

篱笆楼的门窗隔扇制作精巧，木构件雕刻精美，梁、柱等主要构件以及屋檐、雀替、栏杆等部位通常采用镂雕、浮雕等传统雕刻工艺进行装饰。木雕所用的木材一般是质地良好的松木，装饰图案多为花草或几何图样，刀法深浅有别，富有层次变化，工艺精湛，堪称循化地区民居艺术的精品。更有意思的是，如果仔细观察篱笆楼的大门，你会发现大门内的锁竟然也是木质的，而且还配有一把

---

① 周晶、李旭祥、孟祥杰：《青海撒拉族"庄窠——篱笆楼"民居的社会环境适应性研究》，《建筑学报》，2012 年 S1 期。

精巧的木质钥匙，做工非常精美，操作起来也很便捷。① 可见撒拉族民众充分利用自然界各类物质的劳动智慧。

撒拉族篱笆楼以其静态、凝固之美，诉说着这个少数民族借助丝绸之路迁徙于此的历史过程，以及吸收多民族文化形成自身民族特色的文化态度，因而极具历史、民俗价值。近年来，随着社会经济的发展，撒拉族人民的生活水平不断提高，人为拆除建筑群落的现象突出，越来越多的传统民居被砖混结构的现代建筑所代替，建筑形式也越来越多样化，篱笆楼建筑濒临绝迹，会篱笆楼建造技艺的人也越来越少。据统计，撒拉族篱笆楼在 20 世纪共有 100 多户，而到了 21 世纪初急剧减少到 14 户。篱笆楼不仅承载了撒拉族悠久的历史，更见证了撒拉族文化与汉族、回族、藏族等当地其他民族文化的相互交流、借鉴，值得保护传承。2008 年，撒拉族篱笆楼建造技艺列入国家级非物质遗产名录。目前，循化县已经开设撒拉族篱笆楼建造技艺培训班，挑选有技艺的工匠，系统培训篱笆楼建造的具体工艺流程。相信在各方面努力下,这种建筑艺术能够得以存续，且一直与撒拉族民众相伴。

塔秀寺彩粉坛城

坛城是藏族文化中独具特色的一种艺术形式，也是藏传佛教的一种修行方式。在青海，坛城制作分布颇广，比如热贡坛城、塔尔寺坛城、果洛德昂寺坛城等，贵南县塔秀寺的彩粉坛城因入选省级非物

---

① 唐涓：《飘落在大地上的音符——青海古建筑与民居建筑艺术》，《青海湖》，2016 年第 5 期。

质文化遗产名录而广为人知，成为青海坛城艺术的代表之一。

如前所述，贵南地区曾是河南道西线的必经之地，这里的茫拉河流域曾分布着诸多古城，支撑着当时的丝路贸易，历史上当地的主要居民有西羌及吐谷浑人。大约唐代中期以来，贵南的民族结构发生了大的变化，藏族逐步成为当地主要民族，藏传佛教寺院也因此兴盛起来。其中，坐落于距贵南县城西南十五公里的加哇达纽码山谷（汉语意为"马蹄沟"）中的塔秀寺颇为著名，该寺用矿物质彩色粉末绘制的佛教坛城是藏族文化的艺术珍宝。

据说，释迦牟尼在创立佛教之初，就曾教弟子制作沙坛城。从此，这门精致绝伦的佛教艺术流传开来，并随着佛教的北传、东进，进入雪域高原，成为藏传佛教寺院传播佛法、增进修持、承续民族文化的重要形式。塔秀寺粉彩坛城艺术显然也是借助河南道，自遥远的西藏传播至青海湖之南的藏区。如今，作为最为独特、精致的宗教艺术，成为吸引高原丝道沿线民众前往贵南讲经求法的一个动机。

坛城，汉文音译"曼荼罗"，其梵文意义为"本质"或"有"，也译为"圆润"或"完成"。在早期印度教中，僧侣为了修行需要建立一个小土台，后来也用绘图方式代替，这种传统被佛教密宗所吸收，形成各种形式不同的"曼陀罗"。"曼陀罗"被密宗视为修持能量的中心，代表着佛教的宇宙模型，或显现所见宇宙之真实，这些观念的物化，便是万象森列、圆融有序的坛城。

坛城以几何图形为基底，配以法器、宗教人物、动植物等形象，既是用来欣赏、品评的一种宗教艺术，也代表着深刻的宗教意义。彩粉坛城图案主要以吉祥时轮形状为主，内外五层，分别用黄、白、红、黑、绿等五种颜料代表金、木、水、火、风的宇宙世界。坛城的构图十分精巧，所有艺术要素皆井然有序，僧人们在这个看似微不足道的空间里，用手绘、铜铸、沙砌、木雕等技法制作出一个浓缩的宇宙世界。塔秀寺制作坛城的原料十分珍贵，制作者把红珊瑚、琥珀、松耳石、青金石、金粉等价格昂贵的矿物质磨成粉末，先在坛城底盘上勾画出轮廓，然后把原料粉装入扁嘴铜管，对准图案轮廓线轻轻抖动，使原料粉均匀撒在线上，形成微微隆起的线条，如此连续抖撒，最终制成千姿百态、繁华无比的坛城图案。

彩粉坛城制作难度大，工期也较长。一般情况下，制作一个彩粉坛城需要十几个僧人花费一个多月的时间，才能描绘出一个奇异的佛国世界。他们用数百万粒的矿物质颜料构筑了一个神的世界，这里有尊神的居所，也有山川河流、日月星辰、风云雷雨、庙宇宫阙、经文法器、符篆咒语、瑞兽珍禽、奇花异卉等。完成的作品既像是一幅平铺的画作，又像是一座建筑模型，色彩之艳丽、做工之精细，观之令人赞叹。瞻仰这个自足圆融的佛国世界，修行者必定会感受到与神界沟通、交流的清净之境，从而使灵魂得以升华，心境得以澄宁。

粉彩坛城的制作一般由得到上师传法的僧人集体合作而成，制作时，无论用料、颜色、长度、位置等都不能出错。完成之后，还要请高僧审看，得到认可后方才算是完成。坛城的制作技术仅在寺院内传承，以前甚至只有行过灌顶之礼的佛法弟子才可以一睹坛城之美，现在这一神美之物才有选择性地向公众开放。

坛城虽说是一种凝固的艺术，但它存续的时间十分短暂，待宗教仪式结束后，喇嘛们呕心沥血制作的彩粉坛城，会瞬间无情地毁掉，矿物粉末也会被清扫并倒进河流。这种类似于行为艺术的制作—毁灭的过程，道尽世事无常、四大皆空的佛理：万千繁华，不过一掬沙粒。

贵德玉皇阁

青海贵德河阴镇及周边是河湟地区典型的汉族聚居区，这里气候温和、田连阡陌、绿树成荫，素有青海"小江南"之称。贵德在青海汉族移民史上占有重要地位，西汉中期以来，一波又一波的汉族从中原迁徙而来，在这片富饶的土地上驻军、屯田，也将中原文化传播至此，使当地的人文风貌发生巨大变迁。行走于贵德的街巷、乡村，汉族文化无处不在，夹杂着吴侬软语的贵德方言，由汉式四合院衍化而成的庄窠，田间地头的劳作习俗，节庆时日的秧歌社火……源自中原汉地的民间文化，自然、和谐地流布于黄河上游的山谷之间，使人恍惚间觉得身在内地、心依中原。

就是在这样一片美好的土地上，尊师重教的人文气氛、维护传统的家风习俗使我们更加确信，丝绸之路青海道不仅仅是一条单纯的贸易通道，它也是中原文化向西传播，且使中原与西部民心相通的文化之路。坐落于贵德河阴镇的玉皇阁，以它悠久的历史、巍峨的身姿、典雅的姿态，向世人展示着河南道中线上延续已久的汉文化传统。

贵德玉皇阁始建于明万历二十年(1592年)，清道光十七年(1837年)增修，同治六年(1867年)毁于回民起义，1913年重建。据万历二十年的《题归德创建玉皇阁万寿观碑记》，贵德"原有玉皇上帝金像"，且创于"前明"，大概是因为靠近黄河，洪水泛滥被毁，只好"易地创修"，原玉皇阁万寿观遗址现已无法确考。[①]贵德玉皇阁是贵德古城的组成部分，这个古城现存建筑包括玉皇阁万寿观、文庙、关岳庙、城隍庙、古城墙等。

玉皇阁由砖包土筑台基上建成的三层歇山顶楼阁组成，总高25.5

---

① 胡山：《贵德玉皇阁》，《青海社会科学》，1980年第2期。

米。整体建筑坐北向南，北临黄河，面朝南山，登上玉皇阁，贵德全城风景一览无余。玉皇阁的台基分基础台基、正台基和阶道三部分，基础台基高 1.4 米，正台基高 9.9 米，两者相加 11.3 米。如此之高的台基，抬高了整体建筑的高度，使临近者不由心生敬畏。台基之上便是三层歇山顶正方形楼阁，其面阔与进深相同，总高 15.3 米。楼阁建筑采用汉式建筑手法，整个木构架榫卯互锁、结构严密、承压均匀。楼阁上镶有雕刻，一楼大门两边有六幅砖雕花草图案。屋顶吻兽齐全，正脊中间有三尊青狮白象驮宝瓶，显示出北方古建筑物的特点。①

玉皇阁中奉有道教"三皇"，顶层奉"天"，立玉皇神位；中层奉"地"，立土地神位；下层奉"人"，立皇帝牌位。实际上，包括玉皇阁在内的贵德古建筑群，都是神道设教之所，既体现了明清以来儒、释、道三教合流的中原文化特点，也反映出官方教化与民间习俗在信仰空间的集合。

贵德玉皇阁嵯峨高耸、仪态庄严，是我国仅存不多的体现明代建筑风范的古建筑群，为人们研究、保存明代建筑形制提供了难得的实物。如今，玉皇阁以凝固的艺术之美立于黄河岸边，远眺之，与梨花、桃树相掩成趣，睹之令人陶醉。当地政府为保护古建筑，且为增加旅游收入，用售卖门票的形式限制了大量信众的自由出入。这种做法虽起到保护作用，但也使得当地汉族百姓无法亲临信仰之所，只好靠别门他途表达意愿。长此以往，自然不利于汉文化的发展、传承。在"一带一路"国家战略实施过程中，我们也应当把弘扬河湟汉族文化纳入其中，尤其是要尊重、维护当地汉族群众的宗教信仰。只有这样，延续千年的边地汉族文化才能像贵德玉皇阁那样反哺中原文化，并与中原大地心脉相通。

① 张君琦：《贵德玉皇阁》，《古建园林技术》，1993 年第 4 期。

神圣的歌舞

舞蹈是民间习俗的重要载体。所谓民间舞蹈，是指在民众中广泛流传，具有鲜明民族风格和地方特色的传统舞蹈形式，在世代相传的过程中，经过不断加工创造。成为人民群众表达情感、热爱生活的文化见证。由于民间舞蹈大多是由广大人民群众在日常生产生活中无意识地集体创作，这就使其蕴含了包括历史记忆、文化习俗、传统仪式等文化符号。也因为它内容上的喜闻乐见，传播方式上的不拘一格，在民众之中得到了大力弘扬，从而使其在漫长的历史长河中极具生命力。直到现代社会，民间舞蹈作为非物质文化遗产的重要内容，仍然广泛流播、传承。河南道及唐蕃古道所经区域多为青海传统牧区，居民以藏族为主，藏传佛教是这一区域占主流地位的宗教文化。凡有牧民集聚之处，皆有喇嘛寺院。游走于神山圣湖，但见经幡飘扬，气氛壮重。此外，神秘的本教或藏于寺院之中，或流传于隐而不显的民间社会。加之这一区域藏族生产生活过程中形成的一些文化传统，使这里成为文化底蕴深厚的藏区。

以河南道及唐蕃古道为媒介的多元文化传播、互渗，造就了这一区域的文化多样性，同时，藏族文化在这条丝道上的散播、凝聚，也形成引人注目的文化景观。印度佛教北上西藏，与雪域高原本土文化相交融，形成独具特色的藏传佛教，而藏传佛教在河南道沿线的传播与发展，使得这一区域不仅成为典型的佛法弘传之地，也使得当地的传统民俗、生产生活方式染上了宗教神秘庄严的气氛。解读这一区域沿线的藏族民俗文化，尤其是那些深藏于寺院，流传于黄河岸边，或传唱于广袤草原的歌舞，便会体会到这样一个事实：丝绸之路促进了藏民族文化的内在交流与融会。

旺加寺的羌姆

远古人类无法用已有知识来解释一些自然现象时，将其归结为神的活动或作用，这便产生了神灵崇拜。伴随着神灵崇拜，形成了一个特殊的职业——巫师，他们掌管着人类与神灵的沟通技艺，成为巫术时代最有权势、最有文化的一个群体。后来，巫术的诸多文化因素为原始宗教所吸纳，其中，用巫术进行祭祀、占卜的仪式——巫舞，逐渐变成一种宗教舞蹈。青海同仁曲库乎乡的旺加寺在宗教节日上表演的一种叫作"羌姆"的舞蹈，便是一种宗教舞蹈，它也是青海地区最古老本教寺院的祭祀舞蹈之一。

旺加寺，俗称"小布达拉宫"，藏语称"曼热雪珠敏林"，意为"曼热地讲修成熟解脱洲"。旺加寺位于曲库乎乡海拔三千米的曼日神山上，始建于公元 1062 年，是青海省最著名、最大的本教寺院。旺加寺在历史鼎盛时期曾经有八百多位僧侣。在近千年的历史演进中，旺加寺的规模逐渐萎缩，现有僧人一百零八人。

本教是流行于青藏高原的一种原始宗教，分为原始本教和系统本教。原始本教"重鬼右巫"，崇尚用念咒、占卜、禳解等仪式来解释和处理生活中的问题。本教，相传于公元前 5 世纪时，由古象雄王子辛饶·米沃创建，他统一了象雄地方存在的各种原始宗教仪式，创建了"白本"，亦称之为"雍仲本教"，这是后世所称正统本教的起源。本教认为宇宙中有三个世界：神、人、魔，提倡自然崇拜，相信万物有灵。其中，天神崇拜在本教地位甚隆。本教仪轨极其复杂烦琐，其主要目的在于"下镇鬼神，上祀天神，中兴人宅"。后来，本教在其自身发展过程中，逐步与藏传佛教相融。

青藏地区的本教寺院较多，主要分布在西藏自治区，四川、青海亦有不少本教寺院。青海本教寺院约有三十多座，主要分布在青海黄南和海南地区，其中超过半数的汇聚在黄南同仁地区。在藏族地区的多种宗教信仰和宗教文化中，本教作为藏地最古老、最原始的宗教，显得神秘而又异彩纷呈，本教的羌姆法舞也独具特色。

每逢藏历新年和重大宗教节日，旺加寺便进行羌姆法舞。羌姆为藏语音译，意为"跳神"，在青海地区又称为"跳欠"。羌姆源于本教，在祭祀神灵过程中巫师戴着面具进行的仪式舞便是羌姆的雏形，原始本教中的鬼神、鼓舞、拟兽面具舞及伴乐是羌姆产生的本土文化因素。羌姆的形成与印度佛教的金刚舞密不可分，是其形成的外来文化因素。[①]佛教传入西藏后，与本土宗教本教的冲突日益剧烈。据说，藏王赤松德赞崇信佛法，他从克什米尔迎来高僧莲花生大师弘

---

① 高历霆:《藏传佛教寺院舞蹈羌"姆"探源》,《西藏艺术研究》,1988 年第 3 期。

扬佛法。莲花生大师大力推行佛教西藏化，吸收了本教的一些特点，将西藏土风舞与佛教内容结合，创造了一种驱鬼逐邪的寺庙宗教乐舞羌姆。这一宗教仪式被各地藏传佛教所继承，每逢释迦牟尼的诞辰、藏历新年以及藏传佛教的重要宗教节日，全国各大藏传佛教寺院都要举行盛大的羌姆活动。

旺加寺羌姆多由"拟兽舞"和"法器舞"混杂而成。作为一种哑剧舞蹈，羌姆在进行舞蹈时，没有歌唱，气氛庄严肃穆，给人心灵上极大的震慑。伴随着高架于寺院屋顶上莽筒、鼓钹洪亮而庄严的乐曲，专任羌姆表演的老少喇嘛们，头戴面具，手持法器，按照所代表神的神位高低依次出场，以示各路神灵已降临人间。在震撼人心的独特祭祀乐曲伴奏下，"诸神"一边接受着本教信徒们伏地磕拜，一边有序地环绕寺院表演场地，扬手提足地旋转着前进。接下来是一组组具有宗教内容的"法神舞""凶神舞""金刚神舞""骷髅舞""鹿神舞"等佛经故事的舞段，令人目不暇接。羌姆活动的最后部分为"驱除恶鬼"。在全部驱魔仪式进行完毕之后，各路神灵将各种鬼怪降服，然后把鬼怪集中到鬼首"朵玛"身上，鬼首"朵玛"便在众神兵天将的押解和众多藏族信徒民众的拥簇下，移至距寺庙外有一定距离的空地上，堆起柴火将"朵玛"焚烧为灰烬。有意思的是，鬼首"朵玛"一般是用青藏地区特有的酥油和糌粑粉制作而成的。从宗教学角度看，羌姆本来是一种祭祀舞蹈，以酥油和糌粑粉制作鬼首"朵玛"，通过焚烧被神灵所享用，表达了信众宠神娱神的宗教情怀。至此，羌姆舞蹈仪式完成了，也意味着旺加寺僧众为这一方土地和民众驱除了未来一年中所有邪神恶煞，迎来了人间祥和与福顺安康。

在整个舞蹈仪式中，给人巨大震撼的莫过于"诸神"以及各路鬼神所戴的面具了。悠久的藏族历史中，古老的面具艺术作为民间艺术和宗教文化的载体有着它独特的价值和意义。羌姆面具艺术不仅体现了古代藏族人民对于鬼神的想象，也传递了藏文化悠久、凝重的发展史。羌姆面具由来已久，远古藏族先民在神灵崇拜、祖先崇拜、生灵崇拜以及万物有灵的思想下创造了面具的文化基因，如猕猴崇拜、牦牛崇拜、祇羊崇拜等，藏民族的绘画、绘身习俗也促成了面具的形成。所以，羌姆面具不仅有牦牛、祇羊等与生活息息相关的生灵，还有原来本教的一些鬼神，更加入了佛教的佛、菩萨、历代高僧和各类护法，使得羌姆面具成为多元文化汇聚于宗教世界的一个典型。

羌姆面具的色彩丰富，常用的颜色有红、黑、黄、白、蓝五种，代表了佛家五智五蕴系统。不同色彩所代表的意蕴有所不同，红色象征权力的庄严，黑色则代表凶厉罪恶，黄色象征肃穆忠实，白色则代表纯净高洁，蓝色象征威猛正义，这与我国中原戏曲的脸谱有着共通之处。羌姆面具在造型上也显现出藏文化的特点，面具造型夸张、繁富，给人强烈的震撼和视觉冲击，展示出藏族人民的审美观念、出色的想象力以及对于新文化因素的接受能力。总之，羌姆面具本身渗透着藏民族的宗教信仰及审美观念，旺加寺羌姆乐舞的表演者戴着面具起舞，则表达着敬神和为众生消灾驱邪的双重目的。[①]

河南道沿线乃至整个青海藏区的民俗文化可谓五彩纷呈，得益于高原丝道的文化传播功能，古印度佛教不仅传播至青藏高原，而且成为这片雪域上最具特色的宗教文化；诸多西藏文化因素也通过这条丝道北向传播，使得整个藏区有了共同的文化载体和共通的文化心理，而旺加寺的羌姆是藏区宗教信仰与世俗文化相融汇的一个典型。

---

① 李福顺：《羌姆面具艺术》，《西藏艺术研究》，1993 年 Z1 期。

尚尤则柔

尚尤则柔是黄河岸边一种古老的舞蹈，主要流传于青海海南州贵德县河西镇下排村。"尚尤"一词为藏语，汉语意思为"下排"，指下排村；"则柔"指聚集在一起唱歌、跳舞，尚尤则柔则指下排村的民间歌舞表演。

青海贵德是河南道中线的必经之地，靠近黄河的贵德古城曾是这条丝道上重要的中继站。如今，这里以"天下黄河贵德清"闻名于世，已成为热门旅游目的地。贵德下排村是黄河岸边一个多民族聚居的古老村落，居民有藏、土、回、汉四个民族，以藏族为主。勤劳的藏族人民在漫长的生活劳作中形成了丰富独特的民族文化，尚尤则柔就是这一独具藏族文化民族特色的美丽花朵，蕴含了浓郁的藏民族风情。在青海有这样一种说法，藏族人会说话就会唱歌，会走路就会跳舞。在下排村，无论白发苍苍的老人，还是刚会走路的小孩，多多少少都会跳则柔，他们的动作既优美又奔放，散发着浓浓的古朴之美。

则柔的表演一般出现在婚嫁、姑娘成人礼、祝寿、迎宾、添丁、新年等喜庆节日中。表演不受时间、地点、人数的限制，随人们的心情而定，高兴愉快的时候在田野、家中、草原上任何地方随心而跳，就像天空中自由自在翱翔的雄鹰，透露出藏族人民豪放、粗犷、真诚的民族性格。则柔的表演形式比较单一，它是一种以歌伴舞的表演艺术形式，表演的人数必须是两人及两人以上为一组，两人为一组时多以面对面的形式表演，人数较多时则是围成一圈表演。跳舞时，女子的动作舒缓、柔雅、自然，动作幅度较小，男子的动作则是阳刚、魁梧、热烈，整体给人一种刚柔并济的美感。则柔最基本的舞蹈动作是右脚沿顺时针的方向起腿迈步，双手一高一低地摆动，有时还会逆时针舞蹈，舞步、队形变化层出不穷。尚尤则柔的舞蹈动作多来自日常生活、劳动，有模仿打酥油、挤奶、射箭、耕耘、穿衣的动作，也有模仿一些动物形态的动作，如雄鹰飞翔、兔子蹦跳等。这些动作与藏族图腾崇拜、宗教信仰、日常生活等息息相关。从这些舞动的动作可以看出藏族古老舞蹈艺术的痕迹，透漏出尚尤则柔古朴、原始的魅力。①

尚尤则柔的特点是以歌传情，辅以模态性的舞蹈动作，因而随舞而起的歌唱是其表演的主体，而唱词的内容则即兴编唱，随意发挥。随着时间的沉淀，如今的尚尤则柔曲目由原来的几种发展到二十多种。比较著名的曲目有《鹿舞》《阿柔玛》《催奶曲》《安召》等，这些曲目的内容多是歌颂正义、称赞家乡及赞美自然的。比如对神山、圣水的赞美，对牛羊肥壮、青稞丰收的赞美，对藏族人民团结一心的赞美、对藏族人民热爱生活的赞美、对草原男儿英勇的赞美，反映了藏族人民对这片土地的无限热爱。则柔的演唱内容几乎涉及安多藏人生活的方方面面，要了解安多藏族文化，就要了解尚尤则柔，这也是尚尤则柔的文化价值所在。②

表演尚尤则柔之前一般都要煨桑，则柔的开头要唱"啊则，则给，则给岗纳角吲（跳啊，跳着，跳着哪里去啊）"，其歌词内容丰富有趣：

（一）赞美喜庆节日的歌词：

阿则，

美丽的云朵在高处飞，

---

① 王志强：《藏族民俗歌舞"则柔"的历史与现状考察》，《曲学》，2014 年。
② 王志强：《藏族原生态歌舞"则柔"的审美文化考察》，《西北民族大学学报》，2013 年第 3 期。

清清的黄河水从身边流，

漂亮的姑娘要出嫁。

（二）赞美藏族人民团结一心的歌词：

阿则，

高处的山，黄金般的山，

它永远散发光芒；

中间皑皑白雪的雪山，

象征着藏族人民的心灵之色；

低处的山，珍珠般的山，

犹如大海一样宽阔。

（三）赞美服饰的歌词：

阿则，

风吹着我的狐帽，

犹如风吹着天上的仙女，

她那薄如蝉翼的裙摆，

在风中飘扬，

那么柔美，那么轻俏。

（四）游戏式的则柔歌词：

阿则，

腰挎英雄刀的小青年，

你高兴时是怎样挎刀子？

我高兴时是这样挎，

你那样挎上怎样走呢？

我这样挎上这样走。

尚尤则柔是安多地区最能代表藏族风格特征的舞蹈之一，是生活在河南道上的藏族同胞优秀的民间文化，它不仅展现了藏族热情、真诚、奔放的民族天性，而且形象地体现了藏民族文化的多元性及其内在融会的特质，堪称高原上独具一格的民俗艺术，现已成为了解安多藏族宗教信仰、生活习惯、民族特性等的重要媒介。如今，尚尤则柔的传承人主要是通过家人相授，代代相传，随着一些传承人的去世，则柔的发展和传承也面临着危机。随着尚尤则柔成为非物质文化遗产，青海地方也越来越重视则柔文化，加大了对传承、创新的支持。政府不定期地组织传承艺人举办文艺会演及培训，有时请民族学校的老师讲解相关传统知识。尚尤则柔也会出现在贵德县的一些文艺活动舞台上，这些措施使得尚尤则柔这一艺术瑰宝能够更好地传承、发展下去。

塞力亥寺的鹿舞

青海省海南州同德县有一座古老的寺院叫赛力亥寺，也叫作"塞勒亥寺""赛乃亥寺""色勒寺"等，在藏语中叫作"塞力亥噶丹彭措旦杰林"，也就是"塞力亥具喜圆满兴佛洲"的意思。赛力亥寺地处同德县城西南大约十公里的塞乃亥沟北侧附近，大致位于尤龙冬季牧场南侧，创建于清朝康熙皇帝统治期间（大约1695年），是受五世班禅罗桑益喜的敕令，格西德周（主持西藏的色拉寺）和格西藏哇仓（主持西藏的扎什伦布寺）于青海地区弘法而建。隶属于西藏的色拉寺系统。

据历史文献记载，塞力亥寺由于种种原因搬迁数次之多，创建之初曾在河南蒙旗阿柔旱铁地区，后来搬到现在的海南州兴海县境内的黑尼山下，之后才有了现在寺址。至 20 世纪 90 年代，全寺建筑占地近百亩，主要有大经堂、小经堂、护法神殿、弥勒佛殿、印经院、昂欠、僧舍等，并设有显宗、密宗、时轮、医学四大学院，另占有大面积的草场和森林，还有大量的牲畜。其香火群众主要为吴加、年乃亥、焕去、治什群、拉干仓等五部落的牧民。该寺于每年农历正月举办祈愿法会等，正月十四日、十五日有跳欠、晒佛等活动。鹿舞是该寺祈愿法会上流传的一种宗教舞蹈。

　　"鹿舞"一词，由藏语转译汉语而来，大致是"跳大神"或"跳官经"的意思。鹿舞大多以赞美故乡、祈求实现人与自然共存和谐的题材为主要内容，包含了相当多的宗教色彩和表演特质。早期的鹿舞由于表演者戴有鹿头装饰物而闻名，大约在公元 13 世纪由四川藏区流传至此，依托着宗教舞蹈的形式得以传播。跳舞时，男女四人一同起舞，两个男子戴着状似鹿头鹿角的面具，身着华丽的服装，身上披挂着各种饰品，身后拖着细长的狐尾，执杖在左手，执响器于右手。两名女子则手执羽毛等，身着深色的衣裙，各种花纹装饰其上，类似我国一些少数民族的民族服装。鹿舞以降魔驱邪的方式传达扬善惩恶的内涵，同时也包含了保护万物、人与万物共同生存，构建吉祥安定和谐局面的思想。起舞的人戴着鹿头饰和面具等，依照鼓、镲和大喇叭（又叫长筒号）的节奏表现鹿的种种动作，左右腿进行大幅度地跳跃，同时手、脚、头一起活动，人们看来不觉热血澎湃。与此同时，念经活动也穿插其间，或根据经文内容，舞蹈动作或婉转细腻，以示礼佛之心的虔诚；或手持刀、矛、箭等狂舞奔跳，以示对敌人的愤怒及征服恶魔的决心。在表演鹿舞之时，僧人也表演莲花生八名号舞及护法神、地方神、山神等舞蹈。起舞者多为舞步较矫健的年轻人，人数最少八人，最多达十六人，头戴九头光曜、猫头鹰等鸟类面具。起舞者装扮成佛教传说的各种神灵形象，伴随器乐鼓、镲等节奏而跳跃。

从藏传佛教发展史角度看，塞力亥寺鹿舞的生成、发展与传承的历史和藏传佛教大师米拉日巴关系密切。米拉日巴（1052 年—1135 年或 1040 年—1123 年）是藏传佛教噶玛噶举派的早期代表人物，其本尊为喜金刚，根本上师为玛尔巴，是万民信仰的一代宗师。出生于芒域贡塘地区（今日喀则地区吉隆县）。本名米拉日巴·脱巴噶，法名协巴多吉。原属琼波家族，自祖父定居贡塘后，称米拉家族，先祖为宁玛派信徒。米拉日巴幼时丧父，1077 年赴藏绒的拉尔地方（今仁布县境内），向宁玛派荣敦拉迦大师求法，习"大圆满正法"。后经引荐到洛扎向玛尔巴译师求法，七年后学得玛尔巴的全部教法。1084 年返乡，隐居吉隆、聂拉木附近深山洞穴坐静，潜心苦修那若巴密宗教义及瑜伽的"拙火定"等秘密真言九年，最后修得正果，领悟了所学的各种教法。米拉日巴习受密法，注重实际修持，以苦修著称。米拉日巴于 85 岁圆寂（大约在公元 1135 年），他一生为弘扬佛教教义，遍游西藏各地，收徒传法，扩大噶举派势力。

据研究，藏传佛教寺院的鹿舞是在甘南州拉卜楞寺活佛二世嘉木样的倡导下，由贡塘仓丹白准美采用西藏藏戏演出的形式，汇编表演《米拉日巴十万道歌集》中猎人感受到教化的一段舞蹈而形成的，起初在一年一度的雪顿节上表演。后来，鹿舞还传播到了拉卜楞寺周边的多数附属寺院之中。后来，鹿舞从甘南州拉卜楞寺传到赛力亥寺院，后经该寺羌巴的改编，形成了独具一格的鹿舞表演。

塞力亥寺鹿舞以尊者米拉日巴向猎人公保多吉不厌其烦地讲述杀害万物生灵与做正义善事之间的因果利害关系，最终令猎人公保多吉悔悟受戒、普度众生为主要内容。主要表演了两个猎人在深山之中打猎，在将要射杀野鹿之时，偶遇米拉日巴苦行僧，米拉日巴向猎人们宣讲佛理，劝诫他们勿杀生造业。其中一猎人遂即表示愿皈依佛法，而另一猎人心起歹念，意欲射杀米拉日巴，遂连射三箭，而米拉日巴毫发未损。由此这个猎人改邪归正，对圣者米拉日巴顶礼膜拜。作为鹿舞的主角，尊者米拉日巴用佛教教义感化了猎人，这既展示了佛法的魅力，也体现了米拉日巴至高无上的宗教地位。①

塞力亥寺鹿舞表演多由十二位演员构成，两个米拉日巴、两个猎人、四个儿童、两头鹿和两条猎狗。共有七个演唱曲目，十几种表演方式，是将说、唱、舞融为一体的宗教歌舞艺术。表演之时，寺院一个僧人戴着状似鹿首的面具，一个僧人扮作圣者米拉日巴，两个僧人扮作猎人。表演内容为"鹿舞""猎人舞""犬舞""独舞""双人舞"和"三人舞"等。舞蹈是扮作鹿的僧人用空翻、大跳和奔跑等动作来演绎鹿的生动灵性和可爱活泼，扮作猎人的僧人则以奔、跳、翻腾等动作来表示猎人的凶残。舞蹈结束之时，猎人与米拉日巴进行对话、劝诫猎人等一些即兴表演的内容。显而易见，整个舞蹈具有浓重的宗教说教意味，不过，当中的猎鹿舞却包含了浓厚的生活气息。

米拉日巴的声望在其晚年更为盛隆，施主和追随弟子也日渐繁盛。他的传教方法独树一帜，多以歌唱的形式教授追随弟子。大约于 15 世纪噶举派高僧桑结坚赞编辑完成《米拉日巴道歌集》，约有五百首道歌，雕刻成版，付梓印刷成册，从而广播于后世。道歌虽多属佛教范畴，但其叙事风格大多采用比喻手段，文字流畅清新，对话生动活泼，展现出藏文化内部交融、传承的丰富景观，不仅对

①曹娅丽：《试论藏族仪式剧＜米拉日巴劝化记＞的流传及其对安多藏戏的影响》，《青海民族研究》，2003 年第 2 期。

后世藏族诗歌的发展产生了深远影响，在藏族文学史上占有较高的地位，也在藏传佛教传播史上占有重要地位。塞力亥寺的鹿舞就是在"道歌"的影响下形成的具有浓郁宗教色彩的寺院舞蹈，它承载着许多古文化知识和民族文化信息，是河南道沿线藏族佛教文化、本教传统及世俗文化不断碰撞交融的产物，且因其独特的表演形式和丰富的文化内涵，在藏传佛教寺院舞蹈艺术中具有一定的代表性。

道帏螭鼓舞

一提到青海循化，便会不自觉地想到撒拉族，以及他们特殊的语言、风俗、服饰等。殊不知，循化县的藏族聚居区流行着一种大型民间祭祀舞蹈，名叫"螭鼓舞"，它也是这一地区民族文化的典型代表。

螭鼓舞，藏语称作"拉什则"或"拉"，"拉什"意为"神"，"则"意为"玩"或"跳"，引申为"舞"，"拉什则"直译为"神舞"。螭鼓舞则以舞者左手握螭鼓、右手掌神鞭，边击边舞而得名。这种舞蹈主要在循化县道帏乡的宁巴、张沙、垃木龙哇、王家、三木仓等村，文都乡的中库沟、香玉沟及毛玉沟，以及尕楞乡的牙卡、麻卡、香沙等村表演。道帏乡宁巴等村的螭鼓舞保存得最为完整。

道帏乡位于循化县境东南部，因该乡宁巴村的河滩里有一形如帐篷的巨石而得名。道帏乡在地理结构上处于青藏高原与黄土高原结合部，这里土地平坦、气候温和，适宜农业生产，素有"循化县粮仓"之称。当地居民以藏族为主，也有撒拉族、汉族村庄。道帏乡是河南道东线必经之地，由此南下即可到达甘肃临夏，再往南与甘南草原相接。重要的地理位置，加上多民族文化的滋养，使得这个人口仅有一万多人的藏族乡，拥有国家级非物质文化遗产——螭鼓舞。

古代汉族神话传说中，"螭"是龙生九子之一，是无角龙，螭鼓舞应当是祭祀水神之舞。在西羌的原始文化中，也有娱人悦神的原始祭舞之传统。受西藏地区文化影响，当地原始宗教的祭祀舞蹈与藏传佛教相结合，成为体现宗教思想的民间艺术。因之，从宗教学角度看，道帏螭鼓舞是各种文化因素结合的产物。如今，螭鼓舞往往在节日表演，以增添喜庆氛围，成为当地藏族群众喜爱的文化娱乐活动。螭鼓舞也出走道帏，走向正规舞台，成为青海藏区颇具代表性的舞种。

螭鼓舞的道具螭龙鼓，其鼓面呈桃形，鼓架为铁制，单面蒙山羊皮，鼓柄套以木把，柄端配有数目不等的铁环，鼓面绘有彩色图案。鼓鞭一般为竹制，下端系有红绸条。螭鼓舞舞者的服装主要是褐色袍子，内穿藏式长袖衬衣，脚穿单面靴子，披金色菱形披肩，戴五峰吉祥帽。

螭鼓舞表演的时间一般在农历腊月十五至次年正月十五之间。在道帏乡，螭鼓舞流行的村庄几乎都设有专门的表演队，藏语称作"拉什则错巴"。每逢祭祀活动，舞队便集中进行训练和表演。舞者由十六到四十岁、相貌英俊的青壮年男子组成，每队少则三四十人，多则逾百。舞队有总管，藏语称"卡果巴"，由村里德高望重的长者担任。领舞者一人，藏语称"拉洪"，由技艺娴熟、品行正派的人承担。

螭鼓舞经世代传承，已形成固定的舞蹈程式。目前，宁巴村的螭鼓舞段(套)动作传承得最为完整。螭鼓舞动作完整规范、整齐划一，舞者以雄健粗犷的跳跃击鼓动作，模仿雄鹰、骏马、海螺、太极等形象，表现请神、敬神、送神、降魔等祭祀内容。表演时，舞者左手执鼓，右手拿鞭，边击边舞，一般不需要其他乐器伴奏。每段以领舞者的鼓点为段首起始信号，众人随之起舞。每个段落结束，便要变换一种队形，队伍按顺时针方向旋转。舞至中段时，由四至六人居中央"葛尔"（唱具有宗教特色的歌谣），其他舞者则可以稍加休息。道帏螭鼓舞舞姿优美，鼓点雄浑，富有阳刚之美，其动作旋律之特色与藏族其他民间舞蹈的风格一脉相承。[1]

道帏藏乡举行以螭鼓舞祭祀诸神，其目的在于禳灾驱邪，保佑村民人寿年丰，这与甘青地区流传的"脸子会""纳顿节""七月会""梆梆会"等仪式有着文化上的相似性，不管是秋季庆祝丰收的酬神活动，还是腊月初春进行的庆祝仪式，都具有"春祈秋报"的祭祀意味。它们都是在丝绸之路的文化传承带上，围绕特定生活环境、生产条件、农事活动举行的民间祭祀活动，在不断演变进化的过程中，带有明显地域、民族个性特征，渗透其中的宗教信仰则是确保这些民俗活动传承、演变的内在动力。

亦神亦俗的卓舞

在河南道及唐蕃古道上，有许多具有鲜明民族风格和地域特色的舞蹈形式。比如，在玉树东部地区的玉树、称多县、囊谦县，即"东三县"地区，有一种独特舞风的舞蹈，名叫"卓"，它以美妙绝伦、浑然天成的艺术风范著称于世。

玉树的卓舞的起源甚早，据说与原始游牧时代的娱神、祭祀以

[1] 陈镁：《道帏之行》，《群文天地》，2012年第5期。

及吐蕃时代的盟誓活动有关。① 卓舞一般分为宗教活动场合跳的卓舞"曲卓"和民间歌舞"孟卓"两大表演种类。

藏传佛教是玉树地区藏族人民群众的主要精神寄托和文化支柱，而歌唱与舞蹈这两种文化表现方式与这个历史古老的民族信仰一样神奇而玄妙。在公元 17 世纪初，"曲卓"发源于结古镇的扎曲河、巴曲河岸边的藏族村落——新寨。玉树结古寺第一世活佛嘉南朱智，是位多才多艺的僧人。他来到玉树新寨村后，修建嘛呢堆，刻写经文，同时写歌编舞达百余种，其中以独具风格的"曲卓"最为著名。每年的正月初九，举行嘛呢石堆揭冕仪式时，四面八方的群众前来庆贺。活佛身穿较短的上衣起舞，他的舞步灵活多变，有时拽着衣袖，有时将衣服披在身上舞动，忽而像大鹏展翅，忽而似燕子衔泥。相传，嘉南朱智一共创编了百余种舞蹈，每一段都有不同的唱词和动作，当地人为他编的舞蹈起名为"多仁求卓"，也称"新寨求卓"。

以前，"曲卓"只在寺庙节庆和祭祀中演出，只有村中成年男子才能表演此舞。这些男性舞者是特定的社会地域和文化圈层中的普通艺人，他们受到所在地域、所属群体的文化精神、生存环境、民族性格、风俗习惯和审美倾向等因素的影响，创造出的民间舞蹈艺术也具有独特的地域性、自适性等特征。"曲卓"与宗教法舞羌姆仪式的规矩相同，都是在宗教仪式和重要节庆中表演，以宗教内容为主。参与人员由村中 30 岁以上的男性表演者构成，妇女是不能参加表演的。藏民族从远古图腾时代起，就有对山神、水神、生灵崇拜的古老风俗习惯。"曲卓"就是从模仿动物体态的图腾崇拜而来。表演时，长袖配合上身动作自如舒展，脚下节奏变化分明，胯部的扭动伴随着两腿膝部的抖动，使得全场表演活动的内涵与意义得到进一步的

① 毕晓军：《浅析玉树卓舞的风格特征》，《艺术教育》，2010 年第 4 期。

升华，从而使得氛围显得尤为肃穆庄严。起舞时，节律鲜明的乐曲与舞蹈姿势、动作合拍，更能衬托出"曲卓"的雄健、稳重、自如与飒爽的风格特征。

民间歌舞"孟卓"的基本动作有悠、拧、颤、踩、点、甩、摆等。舞蹈服装与藏装没有太大差异，只是在表演时藏装袖子不缠于腰间，且全都拖在地上，袖子很长。男子表演时动作幅度大、飘逸潇洒，甩袖动作矫健自如，脚步也显得豪迈大放。男子双臂抛甩袖部时，用力划八字、划弧线来体现舞蹈张力，同时两腿伴随着甩袖的动作进行撩腿、颤膝、翻身等难度颇大的动作，以表现舞蹈气势之张扬，彰显康巴汉子豪迈之性。女子表演时，动作幅度则略小于男子，甩袖流畅优美，脚下灵活轻盈，展现康巴女子柔美之性。

玉树卓舞集合了高原粗犷、奔放、自由的游牧文化与细腻、平和的农耕文化特征，两者兼容并蓄、融合无间。无论各个年龄阶段的表演者在一起进行群体的舞蹈时，都显得和谐优美、动静皆宜。和其他藏族民间舞蹈形式相比较，卓舞更能显示出它独具特色的一面，其或细腻，或粗犷，或静逸，或威凌的艺术魅力，成为藏区丰富的艺术世界中一道靓丽的风景线。卓舞是藏民族文化最直率、最完美、最有力的表现形式之一，它也是丝绸之路上民族文化和宗教文化、游牧文化与农耕文明融合碰撞之后产生的一种独特的艺术形式。它所展现的内容、独特的艺术表现形式，以及优美的舞蹈形态，将随着新丝绸之路的兴起而更加引人注目。

既歌且舞的"伊"

"伊"又称"谐"，藏语意思是"歌谣"。在藏族文化中，"伊"是藏族各种歌舞的统称。在玉树地区，"伊"又称弦子舞，是既歌且舞的一种艺术形式，有些地方把舞蹈表演队也称之为"果谐"（圆圈舞的意思）。"伊"的产生早于"卓"，其宗教气氛也弱于"卓"，是世俗化、民众化的一种歌舞形式。狂放热情、纵情狂舞是"伊"最基本的特色。

"伊"既有流传下来的固定唱词，也有即兴创作的唱词；既有叙事故事，也有抒情唱词，一般是六言一句，朗朗上口。从唱词的内容来看，有赞颂菩萨诸佛、圣水神山、僧侣活佛的，有描写家乡山水、思念故乡亲人的，也有恭维头人、庆贺祝福、称赞俊男靓女的，可谓包罗万象。此外，也有一些歌颂祖国、赞美新生活的新唱词，反映了"伊"与时俱进的艺术特色。"伊"的唱词基本为男女一停一唱，交替对唱，像是在对歌互答，其中男的唱一遍词，女的重复一遍，如此反复多次，最后共同齐唱最后一段。

"伊"的舞蹈动作来源于生活，人们模仿骑马、狩猎、赶羊、挤奶、剪羊毛、打酥油等生产劳动中常见的姿态，并从中获取艺术灵感，把这些动作提炼成舞蹈元素，使"伊"舞成为反映藏族生活风貌的百科全书，展现了其世俗化、民俗化的特点。"伊"是集体舞蹈，在领舞者"伊班"的带领下，或组成圆形，或变为半圆，圆形代表太阳，半圆代表月亮，它们都是敬献给神灵的敬舞，使"伊"传承原始祭祀舞蹈的文化属性得以展现。"伊"的队形丰富多彩，其中有的与宗教图腾有关，诸如"多吉加章"交叉金刚形、"永忠叶庆"的万字形、"东尕叶庆"右旋海螺型、"尼达长者"的日月相辉形等，它们既是藏民族在艺术中自我精神的体现，又是民族舞蹈艺术不可多得的瑰宝。[①]

跳"伊"的人员没有年龄、性别限制，也不受时间限制。男女

---

① 达哇卓玛：《玉树地区"伊"和"卓"舞蹈特色分析》，《大众文艺》，2015 年第七期。

青年围着篝火，以"伊"自娱，边歌边舞，手舞足蹈。在自娱性的场合中，男女舞者各列半圆，合为整圈的舞蹈队形，像《阿拉它拉》《央金卓尕 》和《赞丹充络雅松》等曲名，跳"伊"的人数不受限制，进退自由，老少皆宜，轻歌曼舞，动作难度不大，但在表演性的舞场上"伊"则要按序舞—正舞—大圆满的程序演出。序舞以向四方来宾敬酒献礼的动作为主，舞蹈场面颇为生动感人；正舞则以赞美家乡山河、歌颂幸福生活、表达男女青年纯真爱情的内容为主；大圆满就是大结局，它的唱词由五谷丰登、人丁兴旺、国泰民安等吉祥内容构成，它是整场节目能否协调均衡的关键。为了渲染气氛，演出越近结尾，舞蹈难度越大，动作变化随之增多，并常以各种有节奏的呼声、口哨推进高潮，直到赢得观众的喝彩为止。

"伊"作为一种民间表情达意的舞蹈形式，在展现群体舞蹈独特魅力的同时，深刻地体现人们对现实生活的深厚情意，真实地表达了人们美好的理想和真诚的愿望。它具有广泛的民众和社会基础，其丰富的表现形式、独特的风貌、精湛的技艺、鲜明的个性为广大群众所称誉，在藏族歌舞艺术中具有广泛的代表性和显著的典型性，显示出很高的艺术价值。[①]"伊"的流行也让我们感知到高原丝路沿线文化的多元特性，使人们了解到即使是在藏族文化体系中，那种宗教色彩较淡而生活色彩较浓的艺术形式，也有它的存续空间。

---

① 汪桂花：《藏族锅庄舞的特征及价值刍议》，《青海民族学院学报》，2009年第 4 期。

叁 浩瀚羌中道

茫茫戈壁，巍巍昆仑。沿高原圣洁的青海湖南北两岸西行，横贯柴达木盆地进入南疆的漫长道路，人迹罕至，黄沙漫野。可就在这块沉寂的土地上，沉淀着千百年以来金戈铁马、商旅往来的历史足迹和不同族群交往互动的文化印记。

茫茫戈壁，巍巍昆仑。沿高原圣洁的青海湖南北两岸西行，横贯柴达木盆地进入南疆的漫长道路，人迹罕至，黄沙漫野。可就在这块沉寂的土地上，沉淀着千百年以来金戈铁马、商旅往来的历史足迹和不同族群交往互动的文化印记。

浩瀚的柴达木盆地分布着星星点点、不计其数的大小绿洲，羌中道依循着绿洲的分布，在盆地的南北两缘形成两大干线。南部的干线大致从青海湖西南的吐谷浑都城伏俟城出发，向西经乌兰茶卡、都兰香日德、格尔木，再向西北经阿尔金山尕斯山口至若羌，与西域南道相接。北部的干线逆布哈河而上，经德令哈向西北，经大柴旦等地，越当金山口至敦煌，由此向西与西域北道相接。这两条干线都是绿洲型丝路，二者之间也由数条丝道相通，最主要的连接线路是格尔木至当金山口的丝道。

羌中道原为西羌故地，这条丝道的开辟与国际化皆归功于西羌。[①]后来，吐谷浑、吐蕃、蒙古、哈萨克等民族借丝绸之路迁徙至此，

---

① 李健胜：《西羌与丝绸之路青海道的国际化》，《攀登》，2015 年第 4 期。

使当地成为多民族文化的汇聚之地。如今，柴达木盆地是德都蒙古驻牧、生息之地，浓郁的本民族传统与多民族文化的洗礼，使得这支蒙古部族有了独特的文化韵味。越黄河北上的藏族、循丝路迁徙而来的哈萨克族、为支援西部扎根于此的汉族，都是羌中道上重要的民族构成，他们的民族文化也是羌中道沿线多彩丰富的民族文化的重要组成。

第一节

悠长的旋律

　　"青海长云""大漠孤烟",多少文人士子途经这里,描摹了一幅幅辽阔旷远的边地风情。古诗文中"沙平连白雪,蓬卷入黄云"的景象,并不鲜见,茫茫戈壁、沙滩与偶尔目力触及的绿洲、蒙古包相互映衬,风格别致。但古往今来,不同语言、不同肤色的天南海北的人,在这里穿梭,不管人们传唱的蒙古族民歌,还是都兰长调,都是烙印在这里的一个个文化符号。这时候,只要你闭上眼睛,就能感觉到蒙古族民歌那种空旷和悠长的旋律,不由得让人思绪飞扬、浮想联翩。

蒙古族民歌

　　进入海西,你顿时会被大自然的辽阔吸引,这里有洁净的蓝天、青蓝色的湖水、碧绿的草原,还有那悠扬的蒙古族民歌，伴着马头琴的旋律，让置身在其中的你心旷神怡。

　　海西蒙古族藏族自治州地处青藏高原北部，青海省西部，南通西藏，北达甘肃，西出新疆，是青甘新藏四省区交往的中心地带，自古以来是丝绸之路的重要孔道，也是由内地进出西藏的咽喉之地。州境南缘的唐古拉山主峰各拉丹冬是长江发源地，唐古拉山口是出入西藏的重要关隘，地理位置之重要由此可见一斑。

　　海西历史上是各民族驰骋纷争的地方，也是多民族文化碰撞交错的地带。秦汉时期，这里一直是西羌生息的广阔地带。汉元始四年（公元 4 年），王莽在这里设置西海郡，将中原王朝的统治势力延伸到海西东部大部分地区。东晋以后，中原势力衰微，政权交替，海西大部分土地为吐谷浑占领。元明时，海西州大部分地区重归中原王朝的势力范围。直到明正德七年（公元 1512 年）左右，东蒙古诸部开始进入青海，这里成为东蒙古诸部统治地区。崇祯十年（公元 1637 年），居住在今新疆卫拉特蒙古（即西蒙古）和硕特部，在其首领固始汗的率领下进入青海，在此建立了和硕特汗廷，统辖今海西地区。后经几代人的努力，逐渐巩固和发展了自己的势力，成为今天海西州蒙古族的先辈，从此创造了独特的青海蒙古族文化。作为"丝绸之路"辅道，这里曾是中原王朝和各少数民族政权锋镝对峙、势力冲突较为激烈的前沿地带，政权的更迭，不同民族之间不断地交往和融合，期间各民族之间文化的冲突、涵化等现象并不鲜见。因此，这里也是古今多民族文化交流的重要通道。

　　海西蒙古族自形成以来，长期的群落独居和独特的生活习性，使其在民俗习惯、礼俗交往、人生礼仪等方面与其他地区的蒙古族有着不同的特色。尤其民歌方面，在保留了蒙古族民歌基本特质的基础上，呈现出独特的地域特色。其民歌在不同的场合有不同的表演歌曲,如婚礼歌、各种仪式歌等。部分民歌在曲调和演唱方式上还保留着13世纪、14世纪蒙古族民歌的特征。以声音舒缓自由、曲调悠扬舒畅而闻名,生动地反映了海西蒙古族的历史遗存、风土人情。民歌《嘎斯湖畔的白芨芨草》《阿尔茨图山顶》等歌曲在周边地区广为流传,脍炙人口。

根据音乐风格上的不同特点,人们往往把蒙古族民歌划分为长调和短调。长调是指那些曲调悠长、节奏自由、曲式结构较长、带有浓厚草原气息的民歌。牧歌、赞歌、宴歌以及一部分婚礼歌均属于长调风格的范畴。短调是指相对来说曲调短小、节奏整齐、结构紧凑的民歌。古代狩猎歌曲、近现代短歌、叙事歌以及一部分舞蹈性的宴歌、婚礼歌均属于短调风格范畴。在海西地区,长调民歌多分布于格尔木以西的乌图美仁草原,这里长调民歌最为集中、典型。短调民歌主要分布在海西以东蒙古族与其他民族杂居的半农半牧地区,其中以乌兰、都兰的短调民歌最为典型。

蒙古族民歌长调与短调的风格,在现实的传承表演中不一定具有明显的区别,在给人们的认识上来说,只有相对的意义。像有些地方蒙古族,他们虽然基本上已脱离游牧生活,却依旧传唱着祖先传留下来的草原牧歌。在草原牧区长调民歌固然占有主导地位,但是那里的民歌也绝不只有长调民歌一种风格。生活在草原牧区的牧民同样也创造了不少轻快活泼、节奏鲜明的短调民歌。它们演唱的风格是随着时代的发展而变化的。内容不同,海西蒙古民歌也会呈现出不同的样态。

以狩猎活动为题材歌唱的狩猎歌曲,内容和形式比较古老。在古代,蒙古族先民以狩猎为其主要生产方式,狩猎歌曲既保留了先民们古老的生计方式,也在某种程度上反映出了他们的集体意识和信仰特征。像《白河滩的兔子》《阿拉腾杭盖的阴坡上》等民歌，虽然经过了不同历史时期的传袭和改造，但很大程度上保留着蒙古族原始艺术的粗犷、质朴的风格。

牧歌是海西蒙古族人民在草原上放牧时唱的一种民歌类型，它是在蒙古族群众长期游牧生活中，随着狩猎生活转变为牧畜业生产劳动时产生和发展起来，而且随着自然环境和生活条件的变化，牧歌这一新的民歌形式逐渐取代了古老的狩猎歌曲，最终形成了蒙古族民间音乐的典型风格。一般表现为音调高亢，节奏自由，气势宽阔，旋律起伏大，形式华丽，抒情饱满。牧歌是蒙古族人民游牧生活的一面镜子，他们反映的社会生活是多方面的，歌唱草原，赞美骏马是牧歌中最常见的题材，像《秀青马》《金色的杭盖》《在哈图台河的上游》等，通过形象的比喻，描述骏马的外貌、体形、奔跑的速度，通过赞美骏马表达出蒙古族嗜马、惜马的强烈情感。

赞歌是海西蒙古族群众在那达慕大会或其他集会、庆典节日等特定场合演唱的民歌题材。其情感庄严肃穆，音调高昂激越。内容有赞美勇士和那达慕盛况的，亦有赞美地方名胜、古刹寺庙的。像《辽阔的柴达木》《北方的檀香树》《思念我的故乡》等，以丰富优美的比喻句赞美家乡，柴达木的戈壁、群峰、圣山、雪山雄伟壮阔；北方的檀香树根深叶茂，它寄予着父亲的恩惠与教诲；表达对家乡的热爱与赞美。它的音调简洁有力，节奏较整齐鲜明，少华彩装饰音，旋律平稳豪放。这与赞歌音乐的豪放雄壮气质是相适应的，是蒙古族民众以真挚的感情赞美赖以生存的草原和河流，体现出蒙古族人民热爱家园、热爱生活、勇于进取的乐观精神。

婚礼歌是蒙古族婚礼仪式上说唱的祝词、赞词，是蒙古族人民传统的习俗歌。婚礼歌有固定的格式，内容包含完整的情节和场面。

大体上包括迎宾曲、敬酒歌、欢乐舞曲、母女对唱和送宾曲等。这些歌曲数量大、难度高、风格多样，而且仪式性很强，说唱时先后次序上不得有差错。婚礼上，人们往往要聘请那些善于说古道今，谙熟韵律的有名望的职业歌手或半职业歌手来演唱。婚礼仪式歌借助口头表演创作的方式，专门在婚礼仪式上进行演唱。婚礼中参与的人群、固定的时空、固有的传统，共同促成了婚礼歌表演的特殊文化空间。民众之间的信息交流、情感认同、文化表达都在这一特殊的空间完成。演唱的内容既与民众的生活和生产状况息息相关，也与他们淳朴的风俗习惯和民众的生活心理一一对应，集中反映出来的民族特点和浓郁的生活气息，成为蒙古族民众表达集体意识和进行身份识别的有效方式，因此为广大民众所喜爱并传承。

宴席曲俗称酒曲，是蒙古族民众在日常饮酒、宴筵和欢迎宾客时说唱的一种民歌类型。根据演唱的不同风格，有热烈欢快的带有舞蹈性的宴歌，它是在饮酒宴筵的场合独唱或男女对唱，边歌边舞，以互相敬酒的形式来表达思想感情。也有悠扬潇洒的带有抒情性的宴歌，它是在欢迎宾客仪式上以独唱或主宾对唱的方式，男女青年边歌边舞为客人献上哈达敬上美酒来表达情感。其内容主要以颂赞、祝福为前提，格调清新高雅，时代感强。这种场合演唱的内容，即时性强，都是利用程式套句，利用现场情景现编现唱，它的内容既有诙谐幽默的部分，也有比较煽情的内容，来调节场上气氛，像《初十升起的太阳》《请喝节日的美酒》《共饮美酒欢乐》等，富有趣味性和节奏感。

短歌，亦称短调或短调民歌，是在半农半牧地区发展起来的民歌体裁。短调民歌短小精悍，抒发感情细腻亲切，语言朴实流畅。表现在曲式结构上大多是问答式的，上下句构成一个乐段结构。比牧歌简练、紧凑、规整，生动活泼，易学易唱，深受民众喜爱。爱情歌曲在短歌中占有极大的比重，如赞慕歌《柯克姑娘》《美丽的姑娘》，主要演唱未婚青年表达对心仪姑娘的爱慕，多用比喻生动形象地唱述姑娘的美貌和自己的爱恋，也有苦情歌《来世再做交颈鸟》《何必再爱我》《爱在心灵》等，表达情投意合的恋人在被迫分离之后的悲痛与苦闷。

这些民歌，主旋律的大起大落以及音乐节奏的丰富变化，都体现了蒙古族民歌的音乐特质，结尾添加的"愿国家安宁""愿佛爷保佑"的祝词，表达了蒙古族人民对和平美好生活的向往和追求。海西蒙古族民歌有别于其他地区蒙古族长调，具有独特的演唱方式，而演唱歌词又表现了海西蒙古族借羌中道游牧、迁移、征战、商贸的历史。它承载着蒙古族传统的历史文化、民俗风情、民族心理、审美情趣等方面的内容，它不仅是地方文化和民族文化建设中的重要一极，而且是羌中道上民族文化发展变迁的重要遗存。

都兰长调

丝绸之路不仅是一条商贸之路，更是一条文化碰撞、交流之旅。作为羌中道上重要驿站的都兰，在历史文化的交流活动中是一个重要的地理坐标。其中，传唱至今的都兰长调民歌，成为这个文化驿站上最美最亮的文化遗存。它以悠扬的旋律和独特的表现方式，堪称长调艺术之最。

都兰，是蒙古语"温暖"的意思，它位于青海省海西蒙古族藏族自治州东南部，境内有蒙古族、藏族、汉族、回族、土族、撒拉族等十九个民族成分。历史上，周秦至汉初，都兰属白兰羌的牧地。汉元始四年（公元 4 年），中原王朝势力到达这里，都兰于是归汉朝统辖。公元 4 世纪始，历经吐谷浑、吐蕃等政权的统治，到公元 16 世纪，先后有唐古特、漠南蒙古、漠北蒙古、西蒙古等部进入青海，给整个青藏高原政治、经济、文化带来了很大的影响。各部落之间的文化融合以及长期与藏、汉、回、土等民族杂居的分布格局，使得此地的风俗在保留蒙古族特点的同时，也吸收了很多其他民族的有益成分。

从都兰县境内的文化遗存来看，东起夏日哈，西至诺木洪的广阔地带，分布着近千余座古墓葬和古遗址。从目前挖掘出的墓葬中，出土的丝绸多达百十种以上，还出土了汉代中原地区制造的漆器、金银器和古罗马金币、波斯银币及来自西亚和中亚的金银器、彩色玻璃珠和铜香水瓶等，这些文物一一见证了丝绸之路上的都兰在中西文化交流史上的重要地位和作用。吐蕃墓群、吐谷浑遗址与自然风景相得益彰，人文、自然景观相映成趣。

作为羌中古道上的重要驿站，古文化遗存丰富多样，民俗事项复杂多元。这里，蒙古族长调只是众多文化艺术中的典型个例。都兰县的蒙古族长调与其他蒙古族长调民歌相比，自己的个性特点鲜明，是整个海西蒙古族长调的典型代表。长调是蒙古族在以草原自然环境为对象，以游牧生产生活为内容的活动过程中形成的一种具有鲜明游牧文化和地域文化特征的歌唱艺术。它以草原人特有的语言，表达着蒙古民族对历史文化、人文习俗、道德情操、哲学艺术的感悟，其生成发展与我国北方游牧民族的宗教信仰、风俗传统和历史发展有着密切的关系。无论是其旋律形态、歌词内容，还是美学特征，都鲜明地反映出蒙古高原上以天地、牧民、牲畜为核心的草原游牧文化特色。

早在一千多年前，蒙古族的祖先走出额尔古纳河两岸山林地带，向蒙古高原迁徙的过程中，生产方式也从狩猎逐渐转变为畜牧，适应这一新的生活模式的长调艺术便随之产生发展了起来，并逐渐成为蒙古族文化中特征鲜明的艺术形式。后随着蒙古族的兴盛强大和辗转迁徙，流传到海西都兰地区并传承至今。因此，都兰长调在表现地域文化特色的同时，集中体现了蒙古游牧文化的特色与特征，并与蒙古民族的语言、文学、历史、宗教、心理、世界观、生态观、人生观、风俗习惯等紧密联系在一起，贯穿于蒙古民族的全部历史和社会生活中。从内容上来看，长调民歌可以分为牧歌、思乡曲、赞歌、婚礼歌和宴歌（也称酒歌）等。一般在盛大庆典、节日仪式上展演，在婚礼、乔迁新居、婴儿降生、马驹标记以及其他蒙古族的社交活动和宗教节庆仪式上，长调同样喜闻乐见并受人推崇，尤其在摔跤、射箭和马术比赛的那达慕大会上，长调更是此起彼伏，很受欢迎，歌声所传递的独特的情绪和那份苍凉的风格，为其他民歌所无。

在比较正式的场合，长调的表演者都身着蒙古长袍，配以马头琴。演唱时，字少腔长、高亢悠远、舒缓自由，宜于叙事，又长于抒情。歌词一般为四句，结构上两两对称。内容绝大多描写草原、骏马、骆驼、牛羊、蓝天、白云、江河、湖泊等，也有讴歌母爱、赞美生命、诉说爱情，以真声唱法为主，是最接近自然的声音。在都兰长调里，除了旋律本身所具有的华彩装饰（如前依音、后依音、滑音、回音等）外，还有一种特殊的发音技巧形成的旋律装饰，蒙古语称为"诺古拉"，即波折音。该音发声时，配合口与咽腔的复杂动作，发出类似颤音的抖动效果。悠长持续的流动性旋律包含着丰富的节奏变化，采用极为宽广的音域和即兴创作形式。上行旋律节奏缓慢稳定，下行旋律常常插入活泼的三音重复句式。其演唱和创作与牧民闲适、恬淡、自足的田园式生活方式紧密相关，悠长的旋律与他们慢条斯理的生活节奏相适应。每一个表演者在演唱时，只要不违背长调的固定套路和演唱程式，可以即时即景做临场发挥，这使得这一类民歌既有章可循，花样却也在不断翻新。

时至今日，都兰蒙古族的生产生活方式发生了很大的变化，但长调作为民族的集体记忆和民族识别的重要标志，在民众的生活中依然扮演着很重要的角色。随着人类生产生活方式的改变，与自然之间的关系也忽近忽远。今天的长调民歌，依旧以人与自然的和谐共存为创作基调，反映人与自然的关系，唤醒人们保护自然、敬畏自然的意识。对于外来人来说，你可以不懂蒙语，却无法不为都兰长调所动容，它是离自然最近的一种音乐，是人类与自然之间最亲切的交流，也是人类情感自然流露的最美画卷，在漫长的羌中古道上，它是人类文化变迁和发展的活的艺术见证。

第二节

古老的祭俗

大千世界，祭礼繁杂。民族的不同，构成了祭祀文化的各具风格。在古人看来，天上的风雨雷电、日月星辰，地上的山川草木、飞禽走兽，背后皆有某种神灵在主导一切，这些神灵既帮助先民度厄解困，但又给他们的生活带来敬畏感。人们敬重这些神灵，同时也对它们产生了莫名的畏惧，因而对许多神灵采取讨好崇拜的方式，求其降福免灾。这种敬畏神灵的心理便产生了信仰并形成了各种各样的祭俗，一直流传至今。

祭敖包

由于部落争执、历史征战、民族迁徙，公元16世纪以后，蒙古族逐渐进入青海，选择宜于生存的地方繁衍生息。在长期与中原王朝和周边各少数民族政权交往发展的过程中，青海蒙古族逐渐形成了自己独特的文化习俗。由于地理的阻隔和因利乘便的地理条件，这些习俗带有明显的地域和民族特征，尤其是那些充满神秘色彩的原始信仰和宗教仪式。

海西蒙古族所有的信仰祭祀活动中，祭祀敖包是非常隆重的民俗活动。"敖包"，亦称"鄂博"或"脑博"，是蒙古语的音译，意为"堆子"，就是用人工堆积起来的石堆或土堆。早先蒙古族祖先认为天地是人类赖以生存的源泉，特别加以崇拜。由于天地之间的各种神灵没有偶像，人们就用敖包作为人们崇拜的物化对象，从而敖包就成了人们祭祀天地的对象和圣地。人们通过祭祀敖包来祈求天地神灵，护佑人间一帆风顺，国泰民安。

其实，祭祀敖包的习俗由来已久，它是中国上古农耕文化中社祭习俗的一种延续或演变。后汉《白虎通义·社稷》："王者，自亲祭社稷者何？为天下求福报功。人非土不立，非谷不食，土地广博，不可遍敬也。五谷众多，不可一一祭也。故封土立社，示有土也。稷，五谷之长，故立稷而祭之。"[①]最初的社就是一个土堆，是当时天子为天下人求福报而确立的一个社神的象征物，它既能通达上天，又能化生万物，所以受到人们的广泛崇信。由于土地能生万物，与化育人类的母性有共同之处，人们又将生殖崇拜附着在社祭当中，古代"仲春之月，令会男女，奔者不禁"的高禖之会，就是一种社祭活动。随着农业的发展和家庭公社的出现，人们以为繁衍与农业丰收有着极其密切的关系，便把祖先崇拜、生殖崇拜、农神崇拜、天神崇拜、土地崇拜相互结合，合并祭祀，形成"以社以方"的原始祭祀活动。由于社神是人们安身立命、生产和生活的根本，演化到后来成为人间的至上神。

---

① [清] 陈立撰：《白虎通义疏证》卷三，中华书局 1994 年版，第 83 页。

虽然，农耕文化和游牧文化分属两个不同的文化体系，但它们之间的交往自古以来从未停息，"立土为社"来祭祀天地的敖包信仰也在蒙古族中传承并保留了下来。古代游牧于草原上的各个民族或部落，由于广阔的草原和相似的地理地形，也需要一个明确的标识来表明地界或帮助人们辨明方向。因此，共同遵守的地理标志物就成了大家的共同期待，而敖包的产生，不仅满足了人们的现实需求，更神化了人们的精神信仰。逐水草而居的游牧生活和对草场的高度依赖，使蒙古人对普通的敖包不断神圣化，慢慢演化为祭祀天神、自然神或祖先、英雄人物的祭坛圣地。直到现在，海西蒙古人保留的祭祀敖包的古老习俗，是对传统文化和古老的精神信仰的一种坚持和延续。

蒙古族所祭祀的敖包，多建在草原山顶、隘口、湖畔、路旁等特殊而易见的地方，而且在茫茫苍穹的映衬下，格外惹眼。一般都是建成圆坛形状，周围垒起三层石台，底盘较大阶梯而上，顶上竖立一根高杆，在中心柱杆周围多用松柏树枝装饰成绿色，东、西、北侧各竖三根木杆，表面刻有日、月、云等图案，再用彩带与中心竖立的木杆相连，彩带上往往悬挂哈达、风马旗幡之物，颜色鲜艳，迎风招展，煞是好看，是当地最明显的地理标识。敖包的向阳处设佛龛和香烛坛。自藏传佛教传入这一地区以来，敖包的外观发生了一些变化，其中增添了与佛教相关的哈达、禄马、旗幡、佛龛、烛香等物，祭祀敖包仪式融进了佛教的内容，除了喇嘛念诵经文外，敖包祭祀仪式也成为藏传佛教活动的组成部分。

这些敖包不仅跟天地各种神灵有关，还跟一些能够祛病救灾的现实人物结合起来，许多关于敖包的民间传说，更加强化了民间这一祭祀的传统。传说有一位喇嘛云游到了此地，正遇上这一地区流行天花病，自己不幸被传染上了。这位喇嘛医术精湛、医德高尚，他不仅治愈了自己的病，而且还教会了当地的很多喇嘛们治病。从此，这一带出了不少名医，后来人们为了纪念这位喇嘛，就垒了敖包来祭祀。除了为祭祀神灵和先人之外，镇邪也是人们垒建敖包的原因之一。相传有一年在海西德都地区，灾害不断，人畜不安。有一位诺颜来到一座敖包前，没有祭拜，结果差点被雷劈死。不久诺颜被雷劈的消息传遍了周边地区，当地人们请来几位喇嘛，对着敖包念了几次《甘珠尔》经之后，这一带就没有了邪气，人畜平安。

祭祀敖包的方式，在历史上先后采用血祭、酒祭、火祭和玉祭的方式，即杀羊宰牛，向敖包贡献牺牲，在敖包上泼洒酒水，并在敖包前燃起柴薪，将肉食、奶食、柏枝等投入火中焚烧，还将珠宝或硬币之类撒到敖包上。1578年，藏传佛教格鲁派首领索南嘉措与蒙古南部首领俺答汗在青海湖畔确定蒙古为格鲁派的施主关系之后，蒙古人改信了藏传佛教，在生活习俗上受藏传佛教的影响，在祭祀敖包的时候，他们认为血祭污秽，而且要杀生，所以主张以奶食、奶酒等素供物代替血祭。祭祀敖包的时候，一般都由喇嘛、活佛们参与和主持，普通民众都身着盛装，从四面八方来到敖包前，首先按顺时针方向绕行敖包三圈，把带来的石块加在敖包上，用哈达、彩带或禄马等物将敖包装饰一新。然后在敖包前的祭案上，摆放供品。献给神灵的供品视每个人的经济情况自愿携带，有全羊、鲜乳、哈达、奶酪、黄油、馒头、白酒、砖茶等，不一而足。当喇嘛念诵起经文的时候，开始燃放柏叶香火，香客不论僧俗，都向着敖包三拜九叩，祈祷风调雨顺、人畜平安，继而将马奶、白酒、柏枝等泼洒在敖包上，诵读祭祀敖包祝赞词。最后众人围绕敖包顺时针转行三圈。

由于草原上每个地方的人们，对自己所属地方的敖包拥有自己的解释权和信仰仪轨，表现在祭祀的日期、规模、形式或组织内容上，都有所差异。一般一年举行一次祭祀仪式，也有一年举行两次的。将一些牲畜奉为神畜进行祭祀，是敖包祭祀中比较常见的一项仪式。祭祀敖包时，在牲畜胎鬃或脖颈上系上彩带，再用鲜奶浇灌全身，举行洗礼，然后主人手捧祭火，牵上受过洗礼的牲畜顺时针绕行敖包一圈，过后那牲畜便成为神畜了。这种牲畜是禁杀、禁打、禁骑的，尤其是妇女和外人更要严格遵守这些禁忌。神畜死后的骨骼要放到敖包之上，加以祭祀。

敖包祭祀结束后，分享祭品也是一个非常重要的内容。主持祭祀的人从所有献给敖包的供品中拿出一份，首先给当地德高望重的长辈，然后大家齐来分享。神灵名义下的享胙，蒙古人觉得会招致福报，万事遂意。之后大家回到各自的帐篷或聚在一起，享用美食，畅饮美酒，尽情欢乐。由于敖包是民众祭祀的圣地，所以在平常生活中也形成了很多禁忌或讲究，像在敖包附近禁止捕鱼、打柴、伐木，任何人任何时候从敖包旁边经过时，一定要下马绕敖包转三圈方能前行，反之他会诸事不顺等。

祭敖包的民俗，在海西蒙古族特当中，不仅是一种古老的祭祀，还是一种娱人的民间节日，期间集中展示蒙古族赛马、射箭、摔跤、传统和现代歌舞等项目表演，还举办宴会来庆祝风调雨顺、喜获丰收，同时也是海西蒙古族人民情感自由交流的场所。

人们认为，高山之巅的敖包离天最近，是能够与天神交通的地方，敖包就成了神灵们通天达地的汇聚的地方，蒙古民众对敖包的祭祀，是对大自然和各种神灵的敬畏和信仰，也是人与自然和人与神灵之间的互通和融洽。在敖包祭祀的仪式中，蒙古族早期信仰的萨满教和后来兴起的藏传佛教，对民众的信仰行为均会产生深刻的影响，这种原始信仰和制度性宗教相混合的敖包信仰，既有对天地神灵的自然崇拜，也有喇嘛主持并参与的诵经祈福活动；既有从蒙古故地迁徙至此的文化事象，也有借唐蕃古道北上传播的文化因素。可以说，祭敖包是蒙古族古老历史文化发展变迁的缩影，也是民俗文化多样性的一种体现。作为一种民俗文化，既是对历史传统的一种继承，也是在符合时代特征和现实语境下的一种创造和发明。敖包文化中，古老的遗俗和历史的创造，在此实现了完美的变通。尤其在今天社会急剧转型的过程中，人们的步伐越来越快，以至于很多人被现代化的潮流裹挟着前行，这个时候，需要我们静下心来，走进民俗，重温传统。

蒙古族祭火

腊月，既是农闲时节，也是人们准备过年最忙碌的时候。农历腊月二十三，汉族人家都要举行祭灶仪式，然后就进入春节前的大扫除、做年馍等各种忙碌的年前准备阶段。而这一天，对于海西蒙古族来说，他们举行一项神圣的祭祀仪式，表达对一位神灵的虔诚和信仰。

海西蒙古族认为，腊月二十三是祭祀火神的日子，通过祈福平安，表达对火神的感激和崇敬。在人们的日常生活中，火起着至关重要的作用，不管是吃烤熟的食物、抵御野兽的袭击，还是民众生活中必需的光明和温暖，都要依赖火。所以人们对火格外珍视，认为火是神圣的，是最纯洁的东西，因此赋予它一定的神性。火的强大威力和民众迫切的依赖程度，决定了具有神性的文化内核的自然火变成了具有一定神格特征的人间至上神,受到人们的普遍信仰和崇拜。

在人类社会的发展中,关于火的崇拜和祭祀,由来已久。在先民眼里,火有着烤焦万物、煮熟食物、改变物状的强大功能,这使原始初民们对它产生依赖和崇拜心理,在这种畏惧和膜拜心理作用下,火便被神秘化了。由此产生了许许多多敬火、拜火的习俗,从燧人氏的钻木取火到海西蒙古族祭火习俗的形成,期间关于火的崇拜和祭祀从未间断。目前,关于火的信仰随处可见,如汉族的祭灶和跳冒火,满族的火祭仪式,苗族神圣的火坛,彝族、白族、纳西族的火把节等。

远古时期,人类为了取暖烤食、驱兽避邪,经常在野外燃起火堆,以获得生存的安全感。当人们的生活从游移不定的状态走向定居的家庭生活时,以前常在野外惊吓野兽侵袭的明火也由室外转入室内,出现了与家居生活相配的灶、火塘等。这些地方也被神圣化,成了火神的居处,并不断赋予家庭保护神、监督神等功能,受到人们普遍的崇信,于是各地在祭祀火神的基础上延伸出了祭灶或祭火塘的习俗。

习惯上,人们对与自身有更直接利益关系的神,总是加倍敬重与奉养,在不断神圣化的过程中必然形成一定的禁忌,让大家遵守,以便与普通的、世俗的事物区别开来,在其基础上也产生了相关的民俗禁忌。如鄂伦春族禁止人们向火上倒水、吐唾沫和用刀子叉火,吃饭前要先往火塘里投放些食物,以示供奉。鄂温克人禁止妇女从火塘上跨过,搬家时也不能扑灭火种。苗族除了敬灶之外,倘若有客人过年时来贺年,要先向火塘叩头,然后才能向主人拜年。汉族更是认为灶乃"一家之主",倍加供奉,不容有任何懈怠或亵渎,祭祀仪式更繁,除了献供、上香,还要讽诵经文。海西蒙古族忌讳用任何方式接触火，不准向火中投掷臭的东西，更不准把鞋子、袜子放在火炉上，不准烤脚，不准用刀子在火里拨拉，或用刀子直接从火堆中取肉，忌讳用斧头在火旁劈东西等。

蒙古族的信仰里，认为火神能保佑家族兴旺，保护财产和牲畜的安全，每年都要举行祭祀火神的活动。这种祭祀火神的习俗已经沿袭千年，火在人们的生活中发挥了巨大的作用，人们也赋予火各种象征意义。根据萨满教的信仰，"火是所有神灵中最重要的灵魂，萨满教徒举行的所有仪式都必须有火……不管祭品是献给哪一个灵魂的，都要首先拿出一块献给火的灵魂。"火可以洗涤一切东西，驱赶邪恶的灵魂。蒙古人民仍然以火为清洁的工具，帽子、手套或者其他的东西拿到火上转几下，就表示干净了。家人去世后，其家属在火旁边插两根长矛，长矛尖部用绳子连接，绳上再系一些布条，人们从布条下依次通过，意味着受到净化。在婚礼仪式中，男女仍要拜火，给火神磕头后方能确认夫妻关系。新娘进入新的蒙古包后，在新郎亲自燃起的火上撒上松柏枝等，烧香磕头，以敬火神。主持人从装满酒的锅中舀出一勺酒向空中，以敬天神，再向火炉周围奠酒，以敬天神。接着致祭火祝词，祭火祝词是每个喜庆宴会必不可少的例行仪式之一。新婚夫妇拜过火之后，意谓新人得到了火神的认可。而新妇起床后，必须先到各屋点燃灶内之火，以尽主妇之道。在日常生活中，人们刚煮好的奶茶，首先要往炉子里倒一点，茶里加酥油的时候，先用筷子挑一点扔到炉子里。新鲜的东西、刚出锅的东西，总要先给炉子里的火神先享用。在蒙古族家庭中，还有幼子守灶的习俗，认为幼子可继承家里香火，延续子嗣传承。

每年的腊月二十三，是专门祭祀火神的重大节日，汉族称为"小年"，从这一天起，也就意味着人们开始进入新年前的准备状态。而火神的祭祀仪式，成了区别新旧年的重要事件，让人们摆脱开日常生活的状态，提前进入过年的节日状态当中。人们对祭祀仪式的重视表现在对火神的隆崇，所有的家人一定要在腊月二十三之前赶回家里祭火，在这个特殊的时刻，整个家族团聚在一起，共享天伦之乐。为了来年富裕兴旺、万事如意，在取悦火神的同时，还要沟通与祖先的关系，所以祭火的同时要祭祖。

这天，所有牧人家里会提前几天把一切准备就绪，从祭火日早晨起来开始把屋里屋外、院内院外打扫得整洁有序，焕然一新，再将伙房器具、灶火灰烬清理干净，然后重新在炉灶点火，祭火用的柴火是从野外捡拾的，诸如杜松、锦鸡儿、小叶锦鸡儿、松木、榆树枝、红柳、果树木、柠条等耐寒耐旱的长寿吉祥的树木。人们把备好的羊胸肉放进锅里煮上，待熟后将羊胸肉放入招福盘内，将其上面的肉用小刀剔光，只留完整的羊胸骨架。留下的肉汤，撇去上面漂浮的少量镶汤浮油，将其盛在碗里，再放入葡萄、红枣、酒等食料，做成祭灶油或祭洒油，以备祭祀之用。剩下的肉汤，倒入大米、糜米、葡萄干、红枣、红糖等，尽汤焖饭，做成什锦的灶火饭。主人在招福盘中的剥过肉的羊胸骨凹槽中间，盛上灶火饭，填满红枣、冰糖、奶酪、奶油、葡萄干、冰糖、红糖、沙白糖等，点缀上五彩的锦缎丝条或绸线、五彩纸，并将野外采集来的小白蒿（冷蒿）、针丝茅、七里香、芨芨草以及香柏叶等植物，和少许毛发，放在羊胸骨上，再用白色公驼或公绵羊毛捻成的毛线，缠绕羊胸骨三道或九道。

等所有的事务准备就绪后，等傍晚时分，全家人穿戴整洁，妇女们用贵重的装饰将自己打扮一新，等待祭祀仪式开始。这时男主人点燃一把香或煨火香柏，绕行住宅一周后，在神龛面前点上酥油灯。然后来到火撑子前，用祭灶油将火撑子转圈涂抹，在四个支撑点旁，把事先准备好的干净沙子各堆起小平台，燃起酥油灯。再把香放入火盆内，点燃火撑子里的柴火，祭仪便算开始。领祭人手持煨香的勺子，首先把祭桌上的祭品，装裱好的牛羊胸骨、煮珍馐肉的浮油、祭洒酒、招福盘及珍馐食品、奶茶等全部熏香净洁。全家人按照年龄依次跪在神龛前面，男主人跪在最前将祭品双手捧举向前，后面的人托住前面人的臂肘一起祈福，男主人唱吟诵祭火神的祝词：

可汗用燧石击燃，

皇后用嘴唇吹旺。

火光穿透了大山，

青烟冲出了云端；

光明冲散了黑暗，

势力熔化了硬坚。

年年祭奠的红火啊！

把幸福带到了人间，

赐予人们以温暖。

月月供奉的红火啊！

对世人的恩赐无限，

使大家生活得欢愉。

愿钢铁精制的火架啊！

牢固永如磐石之安，

愿闪烁金光的火神啊！

保佑我们幸福无边。①

家庭中的每个成员根据自己的意愿，吟唱祈祷、许愿寄托。然

---

① 中国民间文学集成全国编辑委员会：《中国歌谣集成青海卷》，中国 ISBN 中心，2008 年，第 726 页。

后女主人点燃火种，等火势走旺的时候，男主人双手举起准备好的羊胸骨连同附带物品，将胸荏头朝前凹面向上投入火中之后，主人便站起来按顺时针绕火撑子三周，家庭成员也相随其后，并不断向火里祭酒、奠茶。结束后，大家又回到原地，主人手捧大招福盘，其他家庭成员双手举捧哈达、盛珍馐食品的小木盘或木碗等一齐跪地准备招福。主人家对着火源诵招福词，全家人齐声接应着男主人的颂词尾音齐呼，将手中的招福祥物按顺时针方向举过头顶转三次。招福颂毕后，全家人要聚在一起，对着火源行三拜九叩的大礼。

招福仪式过后，将大招福盘摆放神龛前面，让神佛先享用人间美味供品。随后，主人起身捧着一碗祭灶火饭，抹在小孩的脑门上，家具上，门框上，马桩、车辆、马鞍、马嚼子、毡包、羊圈上，有时还抹在领头羊的额头上，意为众生是人间的神灵，众物是人间的福禄，善待所有，回报越多。大招福盘里珍馐食品，要高高供在佛神面前，三天后主人拿下与家人共分享。过年时，大年初一，主人早早起来，将火燃旺烧新茶，待茶沸腾的时候，先敬天，再敬火神，醇茶祭火。

关于祭火的起源，传说每年的腊月二十三日，玉皇大帝要召集各路神仙开会，每家火神要汇报人们在生活中的所作所为，玉皇大帝根据汇报的情况来决定给每个家庭实施奖惩。所以这一天每家都要拿出好吃好喝的东西招待火神，让他上天说点好话。[①] 这类传说与汉族地区祭灶的口头传说相比，火神接受人间讨好、上天言事、替人说好的叙事内容和主题，在与汉族地区灶君的传说如出一辙，玉皇大帝及其他相关神灵都是汉族民间信仰和道教的神灵谱系，而蒙古族在青海定居以后，与汉族和其他民族的交往中，明显受到他文化

① 秦博：《蒙古族祭火习俗的传承与变迁》，《民族文化研究》，2009 年第 2 期。

的影响。这些现象足以证明，羌中道既深刻地影响了青海地区的民族分布格局，也为多民族文化的融通提供了必要条件。

人类对未来生活总是充满美好憧憬，只要有利于社会安定、家庭和睦，传统文化的传承就会获得合法的依据和合理的解释。随着社会的发展和时代的变迁，任何信仰内容及其形式都会发生或多或少的变化。像蒙古族过去祭火都是家里的男主人主持，女性基本不参与，只做些煮肉、摆桌之类的事，而且出嫁的女儿也不允许回来祭火。如今女性也成为祭祀的参与者，祭火之前所有准备和善后工作都是女性来完成，女性不参加祭祀的禁忌也消失了，祭火变成了家庭所有成员共同参与，进行交流感情、共享天伦的喜庆事。蒙古族的祭火仪式，既体现了蒙古族民俗传承的特质，也有与汉族交往的过程中相互借鉴和吸收的文化因子。

不难看出，在青海浩瀚的羌中道上，多民族之间的文化交流从未间断，体现在祭祀上，就是多样性文化特征的凸显。祭火仪式中，神圣的祭祀和世俗社会之间的情感交流，在对火神虔诚的信仰和长期的传统仪式中，共同完成神灵和俗人之间情感交换。娱人与娱神的结合，使得祭火仪式在亦神亦俗的空间里，既满足了虔诚的信仰需求，也增添了一些欢快的节日气氛，还让人们在神灵的慰藉和护佑下，达到人与自然、人与人之间的和谐。

草原上的"那达慕"

领略了土族的"纳顿"和藏族的"六月会"，人们在被少数民族独特的歌舞表演称奇的时候，也为那虔诚的祭祀仪式所震撼。而海西草原上蒙古族的"那达慕",又是一番新的景致。

说起海西那达慕,自然与这里蒙古族的历史有密切的关系。海西古为西羌地,自公元 13 世纪开始,蒙古族陆续从蒙古草原迁徙到青海地区活动。公元 17 世纪开始,以固始汗为首的和硕特部蒙古人从新疆等地驻牧于青藏高原,成为今天以和硕特蒙古为主体的青海蒙古人。他们主要聚居在海西州地区,至今已有七百多年的历史,海西"那达慕"大会也因此产生,成为居住在这里的蒙古族历史悠久的传统节日。

那达慕是蒙古语,意思是"娱乐"或"游艺",起源于蒙古族"祭敖包",蒙古人认为敖包是山神的住所,必须进行祭拜。每年祭祀时,方圆几十里甚至上百里的蒙古族人,汇聚一起。祭祀结束后再进行诸种比赛和歌舞活动。敖包会历经数百年之后,宗教色彩已日益淡化,其主要功能从娱神逐渐转为娱人,逐渐演变成那达慕,成为以进行文娱体育活动为主的大型节令性民众文化活动,也是商贩云集的贸易集会。那达慕大会上不仅有惊险刺激的赛马、摔跤、射箭这样的传统节日,还有令人着迷的民族歌舞表演,都是蒙古族民众十分喜欢的文娱活动。其中赛马、摔跤和射箭叫作那达慕"男儿三艺"。"男儿三艺",是蒙古族民众那达慕文化中的重要部分。

在那达慕历史上,蒙古族的头领们进行"大忽勒台"集会时,会拟定律例,任免、奖罚官员,与此同时举行大型的那达慕。从历史发展过程看,应该从远古岩画中反映的草原先民的狩猎、祭祀聚会,到匈奴人"大会蹛林"的祭祀,再到古代蒙古人也可忽里勒台议事聚会等活动,发展演变而来。在《蒙古秘史》《成吉思汗石文》、青海蒙古族民间故事、英雄史诗中,都有对那达慕男子三项赛马、射箭、摔跤的描述。① 蒙古族民众在这样的场合，不仅祭拜神灵祈求安泰，并且展现自己的技艺与体能。传承多年海西蒙古族"那达慕"大会，历史悠久，每年七八月牲畜肥壮的时节，他们以祭海、祭敖包的方式庆贺丰收。在不同的历史阶段，由于战乱或其他原因，海西"那达慕"大会时断时续，但20世纪80年代以来，这一传统的民俗活动被赋予新的内容，重获新的生机。海西各个地区重启"那达慕"，参加的民众越来越多，活动内容越来越精彩，已然成为一种集祭祀庆祝、体育竞技、文化娱乐、经贸交流为一体的民间宴会。

赛马是最令人振奋、扣人心弦的项目。骑手们身着蒙古袍，脚蹬马靴，头上扎着彩巾，腰间缠着美丽的色带，骑着高头大马，威武雄壮地列队在起跑点。随着口令大家催马扬鞭，你追我赶，不甘人后，数十匹马犹如旋风，驰骋在草原上。第一名到达终点的健儿被认为是这片草原上的勇士。观赛的人群摇旗呐喊，并争抢着为英勇的骏马搭上洁白的哈达和绸缎等物品。

摔跤场也是蒙古族男儿不可或缺的战场，是那达慕必须角逐的项目。摔跤时，选手身穿收身的上衣以及宽大的裤子。摔跤手跳跃进场，并且高唱祝词：

像牛犄角冲锋对跤，

如公驼獠牙紧抓不放，

大鹏展翅似的跳跃上场，

用尽全力摔跤吧！

辽阔的平原是男子汉摔跤用武的地方。

祝毕，摔跤手会跳起鹰步舞，两边握手撞肩致意，然后摆出虎

① 跃进:《国家级非物质文化遗产: 海西蒙古族"那达慕"》,《柴达木开发研究》,
2013 年 5 期。

蹲姿势，准备激烈的角逐。摔跤少则两人，多则几十人。随机组合或者轮流上阵，失败者下场淘汰，胜利者继续接受挑战。比赛会选取当地的长者和摔跤能手担任裁判，如同我们看到的拳击比赛一样，每一位选手都有自己的指导员，会在比赛时指导助威。胜负的区分是以选手膝盖之上的身体着地为限，胜利一方会接受人们的赞誉并戴上彩色的项圈。

射箭也是游牧民族必会的技能。射箭比赛分静射与骑射。静射也称立射，即射手统一站在标靶几十米处进行远射。骑射更加扣人心弦，约数十米的跑道开阔平坦，中间横一条四米宽、半米深的障碍沟，沿途设三个靶位，靶标由不同形状、颜色的棉絮袋做成，左右交错摆放，靶距约二十米。一般设立三个靶子，一射不中射第二箭，再射不中射第三箭，三射不中者为最劣，三靶皆中为胜。在颠簸的马背上英勇的射手射向靶心，射中标靶则草原一片欢腾，人们会为这位英勇的射手献上哈达。

海西州的那达慕大会自举办以来，一直承继着蒙古族游牧文化长久形成的习性，不但保留着传统的"男儿三艺"，与此同时也不断增添创设新的项目，丰富大会内容，展示了蒙古民族浓郁的民俗特色。发展至今，那达慕大会内容更加广泛，不光保留祭敖包、"男儿三艺"等传统内容，也增添了现代意义上的文艺表演、商贸交流、亲友欢聚等新内容。这些具有时代特征和地域特色的文化新元素，如现代流行歌舞的展演、电影放映等形式，经济文化交流、政策宣传等各方面的积极协调，使之不仅可以称为全民的狂欢，更是一场经济文化的盛大宴会。

这里我们也不难看出，具有文化相对自足性的蒙古族那达慕大会，它的民族性、地域性及其宗教信仰的特征，在植根于本民族特性的基础上，与丝绸之路上其他民族之间的文化之间有密切的交融和借鉴。不管是源于古代土地、田社崇拜的敖包信仰，还是"男儿三艺"的体育竞技项目，都是在这片广阔的商贸孔道上，具有各自鲜明特征的游牧文化和农业文化相互碰撞交融后留下的深深印记，成为今天海西蒙古族不可或缺的民族记忆。海西州那达慕在传承核心文化内涵的基础上，不断与新时代紧密结合，赋予了那达慕新的传承方式，如通过竞赛选定传承人，收徒传技等，同时突出蒙古族"男儿三艺"竞技、民歌、舞蹈、民族服饰表演、民间工艺等文化表现形式在那达慕活动中的作用和影响，逐渐恢复失传的马术表演、赛前驯畜、驮骆驼比赛、搓绳比赛等内容，这些对促进民族文化的保护继承，弘扬传统文化起到了积极作用。

总之，在丝绸之路青海道上，不管是农区的纳顿节，还是牧区的那达慕，都是在庄稼丰收、草木丰茂的夏秋季节举行，其酬神祈福、庆祝丰收的意图非常明显，通过一系列的祭祀、竞技、歌舞表演等活动，在神圣与世俗的空间里，既感谢上苍和神灵的恩赐，也将民众的情绪通过这一狂欢活动推向极致，最后完成心灵慰藉、情感宣泄、人际整合等实际功用。

青海湖祭海

民间信仰的世界里，江河湖海、大山广川皆有神灵依附，而作为高原圣湖的"青海湖"，自然会有各种大神居于其中，因此，每年按常例举行的祭海仪式，就是对这里神灵的告慰。青海湖祭祀的时间通常以农历的七月十五为中心，地点并不固定，主要是围绕青海湖展开。而该活动本是一场纯粹的民间祭祀，在历史长河中经历了政治介入、蒙藏合祭等一系列变化，我们今天所看到的祭海活动，不仅是信仰传承和民众愿望的展现，更是民族文化和政治文化归合的结果。

青海湖古称"西海"，又称"鲜水""鲜海"。由于青海湖一带早先属于卑禾羌族的牧地，所以又叫"卑禾羌海"，汉代也有人称它为"仙海"。从北魏时称为"青海"，藏语称"措温布"，蒙古语称"库库淖尔"，意思是"青色的海"，这一名称也沿用至今。

历史上，环青海湖地区位于柴达木盆地的边缘，是南丝绸之路的必经之地，也是中国同西域以及欧亚文明、阿拉伯文明交汇、中转、碰撞的繁盛之地。现今环湖地区生活着藏族和蒙古族为主的民众，但这里流传着浩繁丰富的口头传说，尤其是关于青海湖由来的传说，或多或少都带着一些神秘、神圣的色彩，如青海湖是龙王四儿子的家；青海湖是修炼的仙师及仙童留下的仙井；青海湖是老阿妈忘记盖井盖喷涌形成的，等等。其中多元文化杂糅层叠的特征非常明显。现在的青海湖区域由海心山、沙岛、鸟岛、三岔石及一郎剑、二郎剑两个沙堤组成，其中海心山是青海湖湖心岛，无数神秘传说同样环绕着该岛，被冠以"仙山""仙岛"等称。民间传说在民众间的影响力极为深厚，因此青海湖被认为是宗教信仰的文化圣地，而青海湖举办的祭祀活动也许就是这种信仰的表现，加之生活在环湖地区的各民族民众对于湖神、水神的崇拜，青海湖的祭祀活动也逐渐形成了一定的宗教仪式和惯制。

青海湖的祭祀，历代统治者都相当重视。"汉代以来，统治者对于山川江海的祭祀都采取遥祭的方式，遥祭大都是在京师郊外设香案供桌,由皇帝率领大臣或指派某位大臣进行象征性的祭祀。"① 到了清代,雍正初年,岳钟琪等人在平定罗卜藏丹津叛乱的过程中,因"青海神"显灵庇佑,后被皇帝下令封青海湖"水神"为"灵显宣威青海神",自此开始祭祀,持续二百多年的历史。清末,由于清政府势力的衰退以及辛亥革命的爆发,祭海仪式发生根本性的改变,逐渐成为民国政府巩固安定青海地区的统治手段,不断由政府官员担任祭海专员主祭青海湖。1936 年蒋介石为控制马步芳及蒙藏民众,指派兰州第八战区司令长官朱绍良参加祭海仪式,被称为是民国时期规模最宏大的一次祭海仪式。20 世纪 50 年代以后,祭海活动也一度停止。直至 1980 年,十世班禅视察刚察县后,祭海活动又成为环湖地区民众生活不可或缺的一部分。今天的祭海活动,已经褪去了统治者介入的政治意味,成为以平安祈福为主的民间祭祀活动,其中蕴含的民族文化气息浓厚。

追溯青海湖祭祀活动的演变历史,可简述为官方祭海、寺院祭海、民间祭海。"官方正式祭祀青海湖是自雍正四年(1726 年)至 1949 年;寺院祭海是自明代万历六年(1578 年)三世达赖喇嘛在俺答汗支持下于青海湖边举行'仰华寺大法会'开始,直至今天仍在继续。民间祭祀青海湖的历史则可追溯至更早,因为最早活动在青海湖地区的就是羌人,可以说羌人是环湖一带最早的居民,其主要以游牧为生,自然有着对大自然崇拜的信仰习俗,但就其究竟从何时起开始祭祀青海湖,从现有的资料中已经无从考证,而民间祭祀青海湖的活动却一直持续至今。"② 据文献记载,道光十二年(公元 1832 年),

① 李建华:《清代青海湖祭海活动研究浅析》,《思想战线》,2011 年第 1 期。
② 拉毛卓玛:《青海湖祭海空间文化研究》,《青海师范大学学报(哲学社会科学版)》,2012 年第 5 期。

西宁办事大臣恒敬，在察罕城北建海神庙，同时将"灵显青海之神"石碑移至庙中供奉，此后海神庙成为祭海主场所。现今的祭海场所有江西沟乡元者村、黑马河、尕拉寺、沙陀寺等，其中位于刚察县泉吉乡西南六公里处的年乃索麻的沙陀寺举办的祭海活动规模最大。

祭海和会盟的主持者，雍正以后清朝钦派大臣，参加者仅限于青海蒙古各旗王公扎萨克。道光初年，清廷整顿蒙番事务，为了统一政令，指令藏族千百户也参加。民国时，附近的回、汉等族民众也有参加者。主祭、陪祭官员坐居中上席，蒙古王公居左，藏族千百户居右，席地而坐，按官品高下，唱名入座。

祭海的供品传统使用"三牲"，即完整的牛、羊、猪，以及五色粮食、果品、一对红烛、香椿、酒等，还供龙旗两面、长哈达一条。诵读蒙藏汉三体字样书写的祭文，但也有因民国时主祭和陪祭人有穆斯林，祭品中的猪用羊替换的。祭海的仪式在不同时期都有所变化，清代祭海时，全体起立，奏乐迎神，唱歌称颂，向皇帝牌位行跪拜礼，主祭人宣读圣旨，进香，进帛，全体向海神行跪拜礼，最后鸣炮示礼成。民国时期，为适应政治形势变化，仪式相应变更，如牌位、旗帜相应更改，以三鞠躬礼代替跪拜礼。宣读圣旨改为宣读孙中山遗嘱，等等。祭毕礼成后，祭品由参加者分抢，抢得者被认为可以吉利一年。其他物品及牲畜则全部投入海中，以供海神"享用"。祭海仪式完毕，次日在祭海地方临时设帐举行会盟。

而民间的祭礼一般选择在农历四五月份，分散在青海湖畔举行，地点和时间不固定，其仪式采取的是祭"敖包"的形式。上午开始先由活佛或长者高声朗诵经文、真言，后由长者登上煨桑台点燃松柏枝。煨桑台由石块砌成，上面堆放松柏树枝、牛粪、青稞、酥油、茶叶等物。点燃后螺号声声，树枝噼啪作响，祭拜者沿顺时针方向绕行煨桑台，口中念诵经文、佛号，向台上献哈达、青稞、白酒、糖果等物，有些祭拜者会抛撒风马。投献完毕，人们拥向湖岸，先以湖水洗手、净面，再面朝湖心方向跪拜诵经，用事前准备的哈达或彩布、绸子等将各色粮食、酥油、茶叶、钱币乃至金银珠宝等包裹好，用五彩毛线绳扎成小包，投向湖中。据说礼包迅速沉入湖底，则是神灵接受了祭品，对投放者而言也会受到更多的福祉。

如今的民间祭海仪式增添了现代气息，仪式部分结束后，还有大规模的文娱体育表演等活动。歌舞、赛马、射箭、摔跤、拔河、打靶等各色活动充满欢声笑语，各路商贩也齐聚湖畔，设摊位兜售祭海物品及观礼人员所需的杂货，并为他们提供饭食。这时的湖畔似乎更像庙会一般，人员辐辏，热闹非凡，人们离开现代的生活，似乎在这样的仪式中寻求情感的释放，祈福的同时享受节日的狂欢。

青海湖祭海仪式传承了环湖地区古老的祭祀传统及原始信仰观念，具有极强的地域特色，它不仅是环湖地区民俗文化的集中体现，也是当地民众身份表达和家国认同的重要标志。历史上，在羌中道东端举行的祭海是流徙于丝绸之路上的各民族之间，为达成利益平衡、谋求家国安定而进行的仪式活动。如今，这种仪式活动仍在延续这样的主题。在一定意义上来说，祭海仪式是国家意识和民族文化相互调试的结果，是各民族寻求文化认同的重要事件之一。现在每年农历五月初五刚察县各族民众和环湖地区各州县民众自发来祭海台祭海，越来越多的民众积极参与祭海活动，这不仅展现了人们对神灵的敬畏，更是对大自然，对生命之源虔诚和神圣的敬畏。

"拉卜则"祭

在辽阔的草原上，常会遇到一些栽插起来的木杆、树枝丛，从很远的地方就可以看见它们，走近些时，还可以发现这些树枝木杆上挂有五颜六色的经幡、畜毛、哈达等藏传佛教特色的饰物，这些被栽插又被装饰的枯枝丛，被当地牧人们称之为"拉卜则"或"拉则"。"拉"在藏语中译为"山顶"，"则"译为"器皿"或"宫殿"，所以在藏族民众心中这是神灵所栖身的宫殿。藏族民众认为山有山神，"拉卜则"就是一种物化的表征，通过它能与山神沟通。这些山神被赋予着主宰人们吉凶祸福的权利，"拉卜则"祭也正是人们向山神祈求天地平安的仪式。

"拉卜则"祭也被叫作插箭节。关于它的由来民间说法颇多，有的认为它源于赞普时代，松赞干布在红山修建红宫之后，宫顶装饰的插箭。后来百姓也逐渐插箭祭拜，从此成为一种习俗。也有传说认为"拉卜则"是古时候战前行军的人们，插利箭向战神祈求祝福而形成的箭垛。还认为插箭是原始宗教中的自然崇拜，在山顶垒起石堆或其他东西，象征为神灵所依之处，让人们有一个与神灵沟通的媒介，这是万物有灵的原始宗教观念的体现，也是高原古老的山神崇拜的延续，是藏传佛教继承和借用古代本教祭祀的一种仪轨。

关于"拉卜则"祭祀仪式，据记载是由一位叫公孜楚吉杰布的人首创，后来莲花生、阿底峡等大师也加以改进，不断完善，其目的即是祈求平安、祝福。"拉卜则"祭基本在农历五月到七月间，临近祭祀的日子，民众要准备箭杆、经旗以及青稞、酥油、酸奶等祭品。参加祭祀的民众，一般只有男性参加，女性很少，纯牧区甚至禁止女性参加和制作神箭。活佛或村庄、庙宇的彩箭作为公箭，高大气派，十分讲究。其他农牧民家庭按各自的经济能力制作，每户均有一支。神箭为求稳固一般有数十米之长，有的甚至是用一整颗碗口粗的大树制成的。"箭羽是彩色的，约两米长，由三块彩色箭板拼成。箭板上绘有太阳、月亮、虎、羊、宝葫芦、法螺、宝伞、牛羊角、水云纹等图案。箭顶端绑一簇柏树枝，箭杆上有红、黄、蓝、绿和白各色旗绸，分别代表太阳、土地、蓝天、森林和白云，象征自然崇拜和吉祥如意。箭板下吊着两簇羊毛团，象征对山神纯洁的敬仰。"[1]

插箭的箭台一般设立在山顶或山腰，选址必须由佛教高僧或咒师看风水确定，并由其主持完成建造。箭台由地下和地上两部分组成，地下部分主要是埋葬一些宝物，包括在所挖的坑内中央竖插一截木桩，称为"命木"，上缚白羊毛绳。在"命木"的周围放置内有粮食、金银、珠宝的宝瓶、兵器等物。地上部分垒有石头，再插上柏木、桦木、竹子及木制的刀箭，上系有白羊毛、哈达、经幡等。制作"命木"有严格的规定，制作人必须身体洁净，且一年内未接触过尸体，确保"命木"的干净圣洁。

插箭节当天太阳即将露头时，主祭人开始诵经，煨桑台上点燃香火，民众这时争抢着给桑台添加自家的柏树枝，大把的柏树枝在熊熊烈火中爆出噼里啪啦的声响，人们呼喊着"拉嘉洛、拉嘉洛"的祭祀诵词，意为"天神战胜了"。主持的活佛或高僧则开始念经祈祷，伴随着炮声、螺号声，男子骑骏马、高举各自的彩箭，自左向右绕箭台转圈儿。先插最长的"公箭"，再插个人的箭。箭都插齐后，再用细长的羊毛线将箭堆缠牢，之后便到离插箭处较远的插旗地点，悬挂经幡、风马旗，旗台和箭台之间的连线象征着人与神、人与天

---

[1] 林青：《风情独特的插箭节——青海藏人的"天人合一"情结》，《文化交流》，2009 年第 3 期。

的连接。

有些地方"拉卜则"仪式一般为一到三天，远处的牧民则搭建帐篷守候在"拉卜则"周边，在插箭活动结束后，人们聚集在"拉卜则"周边转圈诵经，并且举办一场场赛马、射箭、歌舞表演等大规模的文体娱乐活动，和所有的祭祀仪式一样，意在娱神。在当下生活中，人们将这种祭祀仪式跟当地民众的其他文体活动结合起来，成为地方文化建设的一个组成部分，在地方政府的组织和主导下，"拉卜则"祭成为当地有代表性的文化事项。

"拉卜则"祭是山神信仰的遗存，在青海藏族聚居区随处可见。藏族民众深信每座山峰都有神灵栖居，而如何与神灵和平共处，并且让神灵造福社会，就是"拉卜则"这样的祭祀活动存在的缘由。"拉卜则"在羌中道沿线的流传，得益于唐蕃古道与羌中道之间的联结与互通，而从万物有灵观到现代的民俗信仰，"拉卜则"维护着人和神灵、人与自然之间的和谐关系，即便是对身处困境的人们来说，山神祭祀一直承载着他们的美好期望。在现代语境下，这样的祭祀活动已经不只包括最原初的意义，即祈求平安丰收、健康繁育等，具有现代特征的文化因素的加入和对这种祭祀仪式的改造，使得这种古老的信仰祭祀仪式更加符合现代人们的生活方式，为民众制造出一个美好的聚集一堂、沟通感情的平台。

第
三
节

流
动
的
艺
术

　　俗话说，一方水土造就一方人，一方水土也能造就一方文化艺术。在游牧民族的生活中，与人们形影不离的，莫过于编织或毛纺制品，古旧的编织技艺和艳丽的色彩装饰，成为别具一格的民族艺术。不管是牢实耐用的黑牦牛帐篷，还是色彩繁复的蒙古族服饰，都与他们的生活习性和居住环境有密切的关系，是人们长期生活中经验的总结和智慧的结晶。

蒙古族服饰

　　蒙古族服饰，因华丽的装饰、艳丽的色彩、贵重的材质，在所有的服饰中别具一格。蒙古族作为游牧民族，服饰均具有草原游牧民族的基本特征。青海蒙古人因进入青海的时间不同和受到邻近民族的影响，其服饰也呈现出不同的风格特点。民国王玉堂所著《最近之青海》中记载青海蒙古族服饰"约同藏族。无论男女，冬夏皆戴一尖帽，上缀红缨以为美饰。男子有穿裤子者，有不穿裤者。喇嘛、和尚无裤，妇女无裤。女子穿长领皮袄，以银制碗及琥珀、玛瑙各物装置胸前或嘴唇，以为装饰。其束装法与藏族无异"[①]。自明代以来，蒙古族便和青海藏族杂居相处，相同的生活方式及居住环境，青海蒙古族的服饰既吸收了藏族服饰的特点，又保留了自己服饰文化的独特风格，与今天蒙古族的服饰相去甚远。青海藏族服饰为适应青藏高原的环境，都以大襟袍为主，袖长腰肥，厚重保暖，在劳作或天气炎热时便坦露双臂或右臂，将袖子束至腰间。而蒙古族服饰是男袍膝盖以下，腰身的宽度要比体围宽大一倍半以上，袍前面的摆有三尺二到三尺七八寸以上，袖长要比手指长两三寸，袖口呈马蹄形，领子是好皮子，宽三寸多，长四尺多，并镶花边，领向外翻出，大襟下摆和袖口的边缘也都镶上一道约三寸宽红色或黑色帅绒布、呢子或彩色的氆氇。女袍长度拖到脚面，腰身比较窄，襟摆、袖口的镶边多用红、绿、蓝等较鲜艳的衣料，其领比男服短，比一般蒙古袍领要长半尺左右，用皮子或错毡等做领，向外翻出呈干面形，不同于一般蒙古袍的立领。可见这样的蒙古袍，与藏袍极为相似。但也存在细微的区别，蒙古袍男服的领子要短于藏袍的领子，女服较之于藏袍多了领子。藏袍与蒙古袍的最大区别还在于束腰带的位置，藏族束腰的位置要比蒙古族低得多。与此同时，河南县的蒙古族在天气炎热时坦露双臂或一臂，男子将袖子束于腰前，女子则束至腰后，便于劳作，这也与藏族服饰的不同。

　　除了蒙古袍以外，青海蒙古族也与所有的蒙古族一样，对于服

---

① 丁世良、赵放：《中国地方志民俗资料汇编》（西北卷），书目文献出版社1989年版，第262页。

饰的装饰极其讲究。成年男性腰间的刀具与形色各异的腰带具有装饰和实用双重功能。青海蒙古族男性无论尊卑贵贱都喜爱暖色调的服饰，如红色、红紫色、橙色、朱色多为袍子的主色调，与此同时，他们也很注重色彩的对比，会在袖口、衣边处添加冷色调的装饰，如绿色、蓝色的镶边。这种混合色彩的袍服与东蒙古地区服饰中存在的"一色衣"有很大区别。还有一则有趣的传说，蒙古族英雄格斯尔当年以剑降妖，剑身染血后以衣领擦拭，为纪念格斯尔，蒙古族后代都喜用如血般的红布制作衣领，这是蒙古族人民的集体记忆。而在布料的选择上，多用羊毛编制带子、羊皮做成袍面。但随着历史文明的发展，汉族文化融入蒙古族服饰文化，蒙古族人民不仅用丝绸布料制作袍面，样式纹饰也逐渐复杂化、多元化。每一件服饰的关键部位对丝绸的珍视以及制作设计中对丝绸功用的突出，也是农牧文化在不同时期完美融合的很好例证。

据有关文献记载，"青海蒙古女子之服饰多，颜色衣饰之美，数倍与番服。束发为而辫，双垂于前，以布帛为囊而双之。所缀铃片，悉为银者，多嵌以真宝石。帽质为五色绸，缀以红缨，靴质为绒布，袖以华彩，其式如汉人常用之冠履然。"① 在妇女日常的装束中，除了喜戴的一般饰品，如颈上喜欢戴大串珊瑚和珠宝等，也特别讲究头饰。她们一般将漂亮的辫套套在辫子上，辫套用金、银线和五彩丝线绣出各种美丽的图案，"在和硕特蒙古部落当中是里红外黑的布做成的，两条宽三四寸，长四五尺的布袋，其顶端有花边，其上镶嵌或缝制圆形或方形的八宝（长寿图案是老年妇女所用）和银牌，下端还有红色丝绒做成的下垂穗子。"② 由于蒙古族未婚姑娘的头发是编成若干小

---

① 红峰：《青海地区蒙古族服饰述略》，《青海民族研究》，2004 年第 1 期。
② 红峰：《青海地区蒙古族服饰述略》，《青海民族研究》，2004 年第 1 期。

辫合成一辫，垂于脑后。因此在蒙古族的婚俗中就有说法，将黑发拨开一分为二，梳成两条大辫子即成为贤惠的媳妇。

除此之外，青海蒙古族无论男女，独具一格的帽子也不可或缺。青海蒙古族服饰中的帽子多为传统形式的"红缨尖帽"，这种帽子前后左右共四个耳檐，顶有红缨，多用貂鼠皮制成。近现代男女普遍喜戴呢制礼帽，与藏族礼帽不尽相同，呢制礼帽是在传统帽子上衍生出来的，也是与各民族文化交流的产物，青年人认为这样的帽子更加适应现代人的喜好，适应大众的潮流，这样蒙古族服饰既保留了民族的本色也与时代发展的潮流合拍。

今天散落在羌中道上的各个蒙古族部落，他们艳丽的服饰，既是游牧民族生活习性的反映，也是在特殊的地理生态环境下，展示民族文化和个性的一种智慧结晶，已成为自己民族身份最明显的文化表征符号。随着时代的变迁，今天的青海蒙古族当中，那些走出草原，来到城镇工作和求学的人，穿着和其他民族一样的服饰，年轻人也紧跟潮流，追求现代的时髦美感，这种服饰表现上的趋同性特征，并不妨碍他们民族个性的展示。当在民族节日和集会的场景上，他们都会更换上自己精心珍藏的民族服饰，展现他们独有的民族风情，在服饰色彩、符号、装饰等元素里，传承共同的记忆。

黑牛毛帐篷

数千年来，藏族牧民择草而牧、择水落帐，没有固定的居所，把帐篷视为自己的家，即使部落头人也只是住在较大的帐篷中而已。因帐篷拆装简易，便于搬迁，具有冬暖夏凉的特性，因而伴随藏族牧民的生活始终的，当属帐篷无疑。即便是在现在的赛马节上，场外也搭建着上千顶民族特色极浓的帐篷，其中最有特色的就是黑牛毛帐篷。

黑牛毛帐篷是用黑色牦牛的粗长毛编织缝合而成的穹庐式幕帐，具有面积宽大、质地优良，挡雨抗雪、防寒保暖，经久耐用的优点。并且这种帐篷内炉火的烟熏火燎，对增加帐篷的密度有很好的作用。牛毛帐篷是由藏族妇女把黑牛毛捻成毛线，编织成"日雅"，也就是宽约三十厘米的粗氆氇，长短由帐篷大小而定，而帐篷的大小是根据自己的经济状况和家庭人口而定的。然后，主妇们把编织好的"日雅"用手工拼接缝合成帐篷，在帐篷的顶端正中央处留天窗，起到通风和采光的作用。

帐篷由篷顶、四壁、木梁、撑杆、橛子、柱子等部分构成。一般大黑牛毛帐篷内有七根或者十一根柱子，帐篷外有六至八根撑杆固定，撑杆上拴着长短不一的帐篷绳用以固定整座帐篷。较小的帐篷内仅需两根三米左右的木杆支撑一根木梁即可。帐篷绳的一头拴住帐篷，另一头拴在地面的木橛上。帐篷绳分上下两周，上周各绳用于固定拉紧帐篷顶。拉绳中部用木杆支撑，使帐顶向上鼓张。下周各绳用于固定拉紧帐壁四周下沿，拉绳皆用粗牛毛捻制。帐篷前方设门，门上悬有护幕，帐顶顺脊处有长方形天窗，用以采光排烟。天窗外有护幕一块，白天、晴天时翻开，夜天及雨雪天遮盖。帐篷四周下沿用片石或土围成矮墙，用以挡风。帐篷中央砌成一长方形炉灶，叫"沓夸"，燃烧牛粪，用于烧茶、烧饭。"沓夸"四周铺有羊皮、毡垫等，以便坐卧。牧民一般在帐篷四周整齐地放存一人高的干牛粪垛，是做饭、取暖用的燃料。夏天把帐篷有棱的一面朝外，冬天将其反过来，易于防雪，也是为了把夏天晒白的一面反过来再熏黑。黑牛毛帐篷还可以自如地加大或者是变小。如家庭人口增多，可将"琼塔"绳下移，在帐篷的底边接上一截，帐篷内的使用面积便增加，反之则变小。帐篷的大小一般要根据家庭经济情况和人口而定，在过去制作帐篷大小更重要的依据是牦牛车或马车能驮多少重量，因为如果迁徙的主要工具不能驮动帐篷的话，他们就会寸步难行。

对游牧民族来说，搭建帐篷的选址非常重要，一般要在水草茂盛、易于放牧和生活的地方，一般是靠山高低适中，正前或左右有一股清泉流淌的地方最为适宜。由于人们的饮食起居都围绕帐篷展开，而且人们与帐篷的关系特别密切，也因此形成了许多与帐篷相关的生活禁忌。黑牛毛帐篷内，有阴帐和阳帐之分。阴帐位于帐篷内左侧（以进门为准），是妇女们的住处，也是烧奶茶、做饭的厨房。阳帐位于帐篷内的右侧，是男人们的住处，也是待客的场所。根据藏族的传统习俗，阴帐和阳帐里都有一些特殊的规矩，即便是一个大帐篷内只有夫妻二人在，做媳妇的也会严守民族习俗，绝不随意跨入阳帐一步。站在帐篷的门口面向帐内，一般左边为厨房，右边为客房。客人进入帐篷后，要遵守左右有别、上下有序、前后有别的规矩，即进帐房不能进左边，因为那是女主人的天地。如客人多，则是按照客人的身份、地位和年龄从上而下的顺序就座，但是不能坐在下边靠近门口的位置上，那是主人的座位。坐式是盘着膝搭着脚，不能随意伸腰斜身。如要走动，则必须从人的后背通过，不能从人前面过往。晚上睡觉也要遵守头朝"沓夸"，脚朝帐侧，千万不能把脚伸向"沓夸"，或帐内上方神像的一边。需要念经请经文时，禁止从帐篷门口直接把经文请入，而要从黑牛毛帐篷内神像的摆放处，撩起帐篷的底边请入。喝茶吃饭要按座次，从上而下、从主到次、从老到幼端碗；吃肉要用刀削，切不可用牙撕，否则会被讥笑为肉食动物。喝茶必须喝完，把茶碗舔净，不可糟蹋。牧区的粮食尤为珍贵，交通甚为不便的时候，都是从数百里甚至上千里的农区用畜产品把粮食换来，十分不易，所以一般牧户非常节约粮食，把舔碗看作是一种良好的行为。另外，人死亡后，亡人要放在黑牛毛帐篷右侧靠近帐篷门口处，抬出去的时候就地拉起帐篷的底帘后抬出，不从帐篷门中抬出。不管是黑牛毛帐篷房中还是其他场所，藏族忌提起亡人的名字，因为他们认为说亡人的名字，是对亡人及其家庭的极不尊重。

因帐篷拆装简单、冬暖夏凉的特性，适合游牧民族逐水草而居的生活习惯，因此它与牧民的生活形影不离。草原上一顶顶黑色的牦牛帐篷，在蓝天白云下的衬托下，镶嵌在碧草丰美处，犹如一颗颗黑色的珍珠，周围牛羊移动，中间炊烟袅袅，一份宁静，一份舒适，构成了一幅美丽的旷野牧歌图景。偶尔会见到手巧的女人编织着黑牛毛单子，男人们搭建黑牛毛帐篷，忙碌中透着自然，恬淡中充满自足，闲适、快活自不待言。在繁华的都市中，带有民俗民族风情的庭院家居装饰中，人们也会看到黑牛毛帐篷，只不过搭建的形制作了因地制宜的改变，人们常聚在其中，享受一份异于都市生活的别样感觉。不管历史如何发展，它无疑是青海道上现代社会对游牧文化认同的重要标识。

华热藏族服饰

若说藏族的服饰，因地域和民族内部的文化差异，他们的服饰也表现出不同的特色。其中，华热藏族的服饰在所有的藏族服饰中特色鲜明。

华热，亦称华瑞、华锐，其意为英雄的部落或地区，主要指"青海的湟水河以北、祁连山区和河西走廊的东南部以及与其相连的广大农牧区，即包括今天的青海省乐都县北山地区、互助土族自治县、门源回族自治县、大通回族土族自治县，甘肃省的天祝县、肃南县等广大藏区"①。从地理上看，这一地区是青海海东、海北与甘肃河西走廊结合的广阔地带，是历史上各个少数民族政权纷争、更替最为激烈的地区之一，也是古丝绸之路青海道的主要交通要道，因此这里多民族文化的冲突交流和融合沉积相对丰富。自古以来藏族先民就在这块土地上繁衍生息，并以自己的聪明才智创造出了丰富多彩的文化艺术。据考证，居于其中的华热藏族，是四五千年前生活在这一地区的羌人后裔，他们以农牧结合的生活方式繁衍生息，创造了自己富有地方特色的华热文化。②华热藏族虽与安多、康巴等地区的藏族有着许多相同特点，但也有各自的独特之处。他们千百年流传下来的饮食、宗教、婚嫁、服饰、节日等文化习俗，在各少数民族中独树一帜，光彩夺目，尤其在独特的服饰方面颇具个性。很长时期，这片广袤的地域身处汉文化的包围之中，华热传统藏族服饰作为该地区民俗文化的重要部分，既继承了藏民族在上千年的历史发展中形成的传统文化观念，又吸纳了曾在这一地域主要活动过的少数民族的优秀文化元素。

华热藏族的服饰，最常见的当属藏袍，依旧保留着游牧民族袒露一臂、大领、斜襟、无叙的特点。根据材质不同，藏袍可分为羔羊皮、板皮、锗氇皮、毛呢夹袍等多种，同时根据藏袍形式的不同，有圆领无袖袍、立领大襟短袍等。一般锦缎挂面的白羊羔皮袍被认为是上乘，它们的边饰也极其讲究，男女藏袍衣边和袖口，用橙、黄、绿、

---

① 洪军:《华热地区藏族婚姻习俗述略》,《青海民族研究》,2001 年, 第 4 期。
② 东永寿、苏得华:《华锐文献历史选编》,甘肃民族出版社,1994 年版,第 12 页。

蓝、靛五色氆氇镶成一寸宽的花边，彩色的竖块堆叠，犹如衣边悬挂的彩虹，这种色彩的对比组合搭配，给人一个雅丽、柔美的感觉，展现出华热藏族独特的审美观念。

以宽、长、大为结构特征的藏袍，行走很不方便，紧身束袍的腰带就成了必不可少的附加装束，与此同时，腰带还有悬挂生活用具、装饰观赏等功能。华热腰带一般用布料或者丝绸制成，色彩丰富鲜艳，多用绿、红、黄、蓝等明亮的色彩。每逢节日庆典，妇女还会系多条彩带于身后，随风飘扬，绚丽多姿。随着生活条件的日益富足，现在的腰带也多由铜、银、皮质装缀，成为身份、财富的象征，腰间也会佩戴小短刀，刀柄与刀鞘也极为考究，会镶嵌宝石或雕刻龙、虎等纹饰。男子腰带所挂物品多为生产劳动工具，如腰刀、火镰、鼻烟壶、钱袋等，出行的时候，腰带上都会斜插一把两尺长的镶宝鲨鞘长刀，展示自己威猛雄壮的性格。无论男女，如今的腰刀已经成为服饰中必不可少的一部分。妇女的腰带一般系挂针线盒或奶钩，针线盒多为自己缝制刺绣的布盒，也有银制、铜制的精美绝伦的饰物。奶钩是华热藏族妇女劳动分工的标志，她们掌管着食物来源，奶钩是她们用来悬挂奶桶的重要生产工具。富裕家庭的奶钩是银制的，一般家庭多用铜或铁制成。随着时代的发展，这一饰物逐渐失去了原有的实用功能，人们在其上雕刻象征吉祥的海螺、蝴蝶、琵琶、莲花等各式精美图案，还镶嵌珊瑚、翡翠、松耳石之类的珍宝，逐渐成为华热藏族妇女服饰不可或缺的佩物。妇女的藏袍除了腰部饰物，背部还会加以风格独特的背饰，背饰一般为长约十五厘米的长方形布条，布条上缀有海螺、银盾、银牌、蚌壳以及形状各异的骨制品等。

华热藏族服饰比较丰富，它们不仅是一种审美的需求，更多的是家庭财富或民族观念的象征。华热服饰的种类，从头饰、颈饰、胸饰、背饰到腰饰，琳琅满目，各具风情。华热藏族的头饰主要为女性佩戴，分未婚女性和已婚妇女两种不同的装饰，年轻姑娘佩戴的辫套与婚后所戴长度不同，但样式大致相同，是由黑布缝制，上面镶绣银牌或铜牌，牌上的图案不一，中间用彩色玛瑙串联，还要自己绣制盘绣，色彩绚丽，纹路精美，形象逼真，多为莲花、云子、吉祥结等图案，也有"八仙过海""双鹿嬉戏"等图案。颈饰与胸饰多为大而厚重的项链，一般都是大颗的玛瑙、珊瑚、翡翠等宝石，但华热藏族的颈饰不同于其他藏区，一般由多层的布缝叠而成，一寸半左右的布带上缝制三个方形银牌，银牌上镶以宝石装饰。

除了这些主要的饰品，华热藏族男女因其游牧的习性，自古就有戴帽穿靴的传统。帽子的品种多样，形状各异，除了保暖御寒的功能，还有装饰美观的作用。最古老的帽子是用白毡制成的带沿高尖帽，圆锥形的帽顶高有一尺左右，帽檐圆周缀以黑色布边。这种帽可正戴也可反戴，正戴时皮毛朝外，反戴时皮毛朝里。还有一种比较高级的细呢圆顶小帽，以咖啡色为底色，镶满了金银丝织锦花条。它有两大两小的四片帽耳，能够张开，也可合闭。最受藏族牧民欢迎的是呢制礼帽，由于它挡风遮雨，美观大方，藏族男女老少人人皆爱。草原上的小伙子戴上它，策马奔驰更显英俊潇洒；草原上的姑娘戴上它，婆娑起舞时更为优美多姿。在众多帽型之间，礼帽成了藏族牧民爱不释手的必备用品。

牧民喜欢穿着传统的牛皮藏靴，这种长及膝盖的厚底靴，夏天可以防雨，冬天可以踏雪，骑在马上便于踩蹬，十分适合牧区的自然环境和游牧生活的特点。有一种被称为"格洛"的花藏靴，用牛皮作底和帮，鞋尖向上高高翘起，靴筒用彩色氆氇制成，以强烈的对比色条相搭配，具有粗犷明快的格调，有的以纤细的相关色组成，具有娴雅温柔的色彩。在这些彩条中，又夹杂着十字纹作为装饰，用各种色条把它们分成单元，构成一组组美丽的图案，给人以雅丽柔美之感，充分显示出藏族民间工艺美术的独特个性。牧民妇女们常常在靴子后跟挂上一对小银铃，以便为她们那摇曳的步伐增添一番音响的效果。

总体上说，由于相对封闭的居住环境和周边与其他民族交错杂居的分布格局，华热藏族服饰在适应当地气候环境和生产生活习性的同时，受到当地文化习俗的影响在所难免，这与丝绸之路青海道的文化连通作用密不可分。华热藏族服饰作为藏族文化的一部分，在保持游牧民族文化底色的同时，式样表现、色彩搭配、材质选择等方面亦有自己独特的个性。今天看来，它不仅是一种文化或财富的象征，还是华热藏族审美观念、民族意识、宗教信仰、生活习性等的综合体现，在丰繁复杂的藏族服饰文化中，华热藏族服饰依旧保持了自己同中有异、异中有同的审美特性。发展到今天，华热藏族服饰在趋向方便简洁的同时，年轻一代的服饰表现出了一种趋同的模式，但与其他众多的民族服饰文化相比，它依然是羌中道上一道靓丽的风景线。

独特的礼俗

俗话说，五里不同风，十里不同俗。当你身经浩瀚的羌中道，不断估揣着古人经略这里的豪气和雄心时，也会为这里的奇风异俗留下刻骨铭心的影响，你也许会用猎奇的心理去揣测其背后的文化意蕴，也许会用浪漫的想象做出诗意的诠释，但不管怎样，你眼中的"奇"或者"异"恰好构成了一个族群、一个民族共同的记忆，文化的建构、情感的认同也正源于此。

蒙古族婚礼

金秋八月，不仅要收获粮食，更要收获幸福。在曼妙的冬不拉和马头琴悠扬的旋律中，草原上荡漾着欢乐的笑声，人们在这里兴奋地唱歌跳舞，敬酒迎客，这时蒙古族的年轻人在举行婚礼，彼此享受爱情的幸福。

婚礼是婚姻缔结过程中最重要的仪式，也是每一个人的成长中，标志着进入另一种人生状态而举行的成年礼仪。如果人生活的时间可以区分的话，婚礼就成了将人生不同阶段进行区隔的重要的标志性事件。从此，每一个人的生活方式、生活中扮演的角色及其承担的责任和义务，都会发生变化和进一步的扩充。因此，人们也格外重视人生的婚礼，它不仅是向社会宣布男女结合的合法性，而且表明男女双方维系家族的功能和生育功能的合理性，因此任何民族在人口的繁衍发展中特别看重婚礼。其中蒙古民族的婚礼始终具有自己鲜明的地域文化色彩和独具风韵的魅力。

蒙古民族的婚礼也是在遵守"父母之命，媒妁之言"的传统古训下，按照一定的仪式进行。虽然在社会的发展与多民族文化的相互影响下，其形式或内容发生不同程度的变化，但在礼节上还保留有很多传统的仪式。从仪式的内容来看，海西蒙古族的婚礼按求亲、定亲、迎亲、婚宴等主要程序进行。

婚约的缔结，首先始于男方向女方家庭的求亲。当二人私下有相互相中之意，或经媒人介绍后有婚娶的想法时，男方的父母要委托媒人先到女方家求亲，如果得到女方允诺，男方叔父或舅舅协同媒人，组成求亲队伍，带上哈达、茶叶、酒、羊背子或全羊，选择合适的时间，前往女方家正式求亲。女家在得到告知的前提下，提前也做好准备，邀请亲友前来作陪，在众人面前，确定这门亲事，然后女方家盛情款待求亲人员。在这之前，男方要委托媒人往来于两家之间进行协商，一般要经过若干次沟通才能成行。在蒙古族看来，男方需多次向女家求亲，方显真诚，才能得到女方的许诺。民间也有"多求则贵少求则贱"的谚语流传。

男女双方定亲妥当后，根据商定的情况，男方家庭开始准备聘礼，聘礼的多少根据男女双方家庭的经济情况，协商确定。目前，金银首饰、衣服家具，甚至轿车成为常见的聘礼形式，家居牧区的家庭常以牛、马、羊等牲畜为聘礼，牧民认为，"九"是吉祥的数字，聘礼常以"九"为单位，常取"一九"到"九九"的单位数量，"九九"是至尊至极的吉祥数字，视为最高聘礼数目，一般不会超过这个数字。有些人家不具备九的倍数的牲畜聘礼，也可以择小于九的奇数，以三、五、七头牲畜为聘礼，但聘礼的数目不能选择偶数。在汉文化里，按照阴阳学说，奇数为阳，有向上的意味，视"九"为极阳之数，这种传统自汉以来，受到人们的普遍崇信，多体现在建筑的设计上。蒙古族婚礼中对数字的注重和信仰，明显受到这一文化传统的影响。

自清以来，蒙古族普遍信仰藏传佛教，所以选择婚礼吉日的时候，首先要请当地的喇嘛来预测吉日，确定结婚日期。吉日择定以后，由男家派媒人和亲友带上哈达、美酒、糖果等礼品，前往女家，同其父母商谈结婚事宜。谈妥后，男女两家开始准备婚事。尤其男方家庭要新搭蒙古包，收拾喜房，准备聘礼，宰牛杀羊，女方家庭要为出嫁女儿准备嫁妆及其他结婚用品，还要提前通知双方亲朋好友，届时参加双方结婚喜宴。

对于女方家来说，非常讲究陪送嫁妆。男方送多少聘礼，女方就要陪送相应数量的嫁妆。女方陪嫁的东西，一般不比男方送给女家的聘礼少，因此，当地有"娶得起媳妇，嫁不起姑娘"的说法。陪嫁物是婚姻中不可缺少的部分，也是显示娘家人财富和新娘地位的标志，在婚礼中常常作为重要的环节倍受重视。在婚礼中，女方必须把新娘的嫁妆先送到新包里，等到送嫁妆的人们返回娘家后，迎亲队伍才可以从女方家出发。嫁妆里藏放一个小型皮袋，里面装着一个煮熟的羊肩胛骨。男方也知道此规矩，热情招迎接送嫁妆的人的同时迅速卸下嫁妆，尽快找到藏放在其中的羊肩胛骨。如果找不到，娘家人会刁难男方，男方尽量满足女方要求，尽快找到肩胛骨。在蒙古族的民俗中，羊肩胛骨是羊肉中的珍品，吃这块肉是有讲究的，在众人面前是绝对不能一个人独吃的。吃肉的人对献肉者致辞祝福，如："但愿你的神骏，别遭到鞍伤，愿切肉的舅父，永远健康。"在婚礼上，女方将羊肩胛骨藏在嫁妆里，以示女方父母以骨肉相赠，考验男方对其的态度及其真诚和殷勤程度。汉族也将女方娘家人喻为"骨头的主儿"，蒙古族中也流传着"骨来自父、肉来自母"的说法，这里通过羊肩胛骨，来表达骨肉相连，情感相通，预示着一个新的家庭的拓展和人口的繁衍。

娶亲者要在前一天晚上投宿到女家，在新娘的闺房里摆设羊五叉或全羊宴，宴席上不能缺少羊头。这时有人会趁人不备，偷偷地把放在新人包里的羊头从天窗扔出蒙古包外。第一个抢到羊头的人会咬掉羊头上的鼻子，逼迫男方重新找来一个完整的羊头来补上，不然娘家人认为这是"无头的羊席、无序的婚礼"而故意挑剔男方。之后还有"求名问庚游戏"，男方和女方的同辈人参加，大家戏耍新郎，逼他下跪或半跪，求问新娘的乳名。调情逗趣不乏幽默机智，期间还有男女双方的对歌比赛，在充满喜庆和快乐的气氛中，通过这种游戏，帮助消除新郎和新娘之间的羞怯，还变相地将新娘介绍给大家，将婚礼的气氛烘托得热闹非常。

婚宴是蒙古族很注重的仪式，当娶亲回到男家后，新郎新娘不下车马，先按顺时针绕蒙古包三圈。然后举行拜火仪式，新郎新娘从两堆旺火之间携手穿过。有的人家在院子里垒着一堆旺火，新郎和新娘要一齐往火里祭洒奶酒，并跪拜叩头，旁侧站着司仪诵念祝福新郎和新娘的祝词：

请新郎新娘祈祷吧！

神火是你们婚配的见证！

请新郎新娘叩头吧！

佛光为你们传宗接代……

新婚夫妇在接受火的洗礼之后，他们的爱情获得了男方家主神火神的确认，经过神灵见证的婚姻，会变得更加牢固，更加纯洁，婚后的日子也会美满幸福，白头偕老。从此新娘成为男方家庭的一员，全家人在以后的日子里会风雨同舟，休戚与共。

然后拜见父母和亲友。双方父母要对新郎新娘赞颂祝词：

英俊勇敢的好女婿啊！

愿你赡养父母，曲尽孝道，

愿你不辜负众乡亲的期望……

美丽善良的儿媳妇啊！

愿你像满月一样妩媚，

愿你像鲜花一样艳丽……①

婚宴是整个婚礼进行中最为隆重的环节，届时，男女双方的家人亲戚、贵宾亲朋都汇聚在一起，向一对新人祝贺，新婚夫妇也借此机会公开向大家亮相，表明他们的婚约获得了在场所有人的共同见证和认可，在俗人的社会里具有了共同生育和生活的合法性。婚宴上，新郎提银壶，新娘捧银碗，向长辈、亲友，逐一献哈达、敬喜酒。男宾朋们高举银杯，开怀畅饮，姑娘们在兴致高昂的时候，伴随着马头琴，放声歌唱。热闹的婚宴要持续两三天，亲友才陆续离去。而女傧相则要陪新娘住一至三日。

---

① 中国民间文学集成全国编辑委员会：《中国歌谣集成青海卷》，中国 ISBN 中心，2008 年，第 734 页。

婚礼结束后，两位新人在婆婆或婆家人的带领下到娘家，俗称回门。娘家人热情招待自己姑娘和女婿以及同来的亲家们，同时把姑娘的"自留羊畜"①交给两位新人，作为女儿婚后生活可以依赖的物质基础。她们把姑娘的"自留羊"赶到女婿的羊群里，才算一桩婚礼结束。

不难看出，自元以来的蒙古族，为了实现中国的大一统和长治久安，充分吸收中原文化的基础上，做了一些适应性的选择。婚礼中相关习俗，正是中原文化与游牧文化完美结合的生动再现，其中的"纳吉""择日""问名"等，都是中国传统婚俗的演变和遗留。海西蒙古族有着自己独特的历史背景和生活、生产方式，由于战争、部落争执、历史演变，产生了东西蒙古融合之后独具特色的海西蒙古族生活习俗。因此在海西蒙古族的婚礼，保存着大量的民俗风情，是传统文化生活的传承和延续，又是珍贵的历史文化信息在现实生活中的再现，让人们从繁复的婚礼中，去重温历史，回归传统。在丝绸之路沿线，多民族文化的融合是社会发展当中必然发生的社会现象，由于生存的策略，各文化之间的相互影响，在特定的民俗当中，则是多样性和民族性相互协调的产物。发展至今，蒙古族婚礼，在传统和现代不断调适和创新的过程中，既保留了传承久远的古俗，也有符合时代特征的新元素。每一桩轰轰烈烈的婚礼背后，实际上是不同历史时期各民族文化之间的交流和碰撞的沉积，民俗的展演，既翻新了历史，也开启了新的生活，让青海蒙古族民众的历史在民俗的传承和发展中徐徐向前。

---

① 新娘在三五岁的时候，举行洗礼、剪发礼时亲朋们送的"份子"，母羊一直发展到姑娘结婚为止，有的已发展成为一群。

蒙古族剪发礼

在"身体发肤受之父母，不敢毁损"的古训下，中国古人对长于身体顶端的头发非常珍惜，也就延伸出了许多关于头发的习俗。其中，海西蒙古族流行的剪发风俗，在人生诸多的诞生礼仪中，显得格外隆重而又独特别致。

自元以来，汇聚在海西德都地区的蒙古族，在近现代的发展中，有的仍以游牧为业，而生活在农业区的民众放弃传统的游牧生活，从事农业生产，有些则过上了城镇化的居民生活。生产生活方式的改变，会导致传统的民俗文化生活的变化，但剪发礼作为蒙古族民众的诞生礼仪，在他们中间较为完整地保留了下来。在人的一生成长中，诞生礼的意义在于通过一系列的仪式，让新生儿获得社会的地位，在各种关系的交流中赋予其社会人的角色。在青海蒙古族的传统习俗中，在小孩长到三岁的时候，举行剪发仪式。尽管在礼仪进行当中，小孩本人处于被长辈安排的被动地位，但仪式过程中仍然把他当作可以与成人交流思想感情的主角加以教育。在孩子未长到三岁前，不准修剪孩子的胎毛，也不准洗染。等孩子长到三岁的时候，家长就要张罗举行剪发礼。表明告别人生的第一个阶段——婴儿期，在将来一步步的成长当中，逐渐转变成为社会人，开始适应自己的角色和眼前的社会。

对身体头发的重视，源自人类早期的巫术信仰。前科学时代的人们认为，人身上的一切，包括与人体有关而又离开了本体的任何成分，如口津、血、精液、头发、须毛、爪甲，甚至曾与人身体接触过的东西如衣片、弃鞋等等，都寄寓着人的灵魂，具有灵异的效能，因而被视为一种"寄灵物"，而且认为寄灵物具有药物的功效，可以成为致病、为祟的根源，也可以作为人的替代品享受尊荣或遭受处罚。如果掌握了一个人的寄灵物，就可以远程对之施加影响。因此，每个人都必须很小心地保护好自己的寄灵物。

在中国人眼中，对头发的重视和信仰从未间断，早在春秋战国时期，孔子从伦理的角度认为"身体发肤受之父母，不敢损毁，孝之始也"，头发不仅仅是自己身体的一部分，还和父辈祖先密切联系在一起。保护头发成为当时人们根深蒂固的一种观念，一旦剪发，表明一个人作为社会人的角色发生重大变化，像"跳出三界外、不在五行中"的僧尼。《资治通鉴》载："宋、魏以降，南北分治，各有国史，互相排黜，南谓北为'索虏'，北谓南为'岛夷'。"胡三省注曰："索虏者，以北人，编发，谓之'索头'也。"[1] 宋魏以后的发式已成为民族身份的象征。清以来，演化更烈，关于头发的民俗与民族心理、政治统治密切联系，它已经不单单是一种习俗偏好，而成为政治性的表征。"留头不留发，留发不留头"的政令以及很多地方的汉人"宁为束发鬼，不作剃头人"的反抗，头发成了归顺和叛逆的重要标志，竟激发起激烈的民族冲突。时至今日，头发才真正超越政治的束缚，而逐渐成为一种个人爱好，成为人们展示个性和审美偏好的重要道具。由此看来，海西蒙古族当中流行的剪发礼，不仅仅是民族民俗文化和民族心理的体现，也是传统文化和观念发生变迁之后的民俗再现。

按照海西蒙古族传统习惯，当新生儿长到该举行剪发礼的时候，家人请当地的喇嘛或族内长辈选择一个吉祥的日子，再逐个邀请幼儿的叔伯亲和姑舅亲以及其他亲朋好友，参加这一礼俗仪式。对于新生儿是男是女，并不存在性别歧视，只要孩子长到三岁时，家人

---

[1] 司马光：《资治通鉴》，上海古籍出版社1978年版，第213页。

都会按照择吉、献祭、祝酒、剪发、飨牲等传统的仪式，隆重地举行这项仪式。

到剪发之日，主人准备好全羊宴，并事先摆放在蒙古包内正方的桌上。到时亲友们无论多么繁忙，距离多么遥远，都要想方设法抽出空来表示祝贺。但凡来祝贺的亲友，根据与幼儿家庭的血缘亲疏程度，都携带不同的礼物，包括一定数量的钱财和衣物等。客人到达并按礼节入座后，主人先为客人敬献象征纯洁的白食，即主人双手捧哈达，上置银碗，碗中盛着牛奶或酸奶，按长幼次序依次进行，当年长者从主人手中接过白食时，要对主人家奉送赞词，祝福主人家身体健康、家庭和睦、人丁兴旺、万事如意等，然后用右手无名指沾奶汁向上弹三次，意在敬天敬地敬祖先，然后在待剪发幼儿前额用指抹一点奶汁，自己双手端碗品尝一口，敬还主人手中。然后敬"修木尔"，"修木尔"是一种制作很精美的炒面奶酪制品。敬献的男主人，衣冠整齐，脱皮袍右袖搭肘部，双手捧"修木尔"，按客人长幼顺序依次敬献。客人只是象征性地品尝"修木尔"，先用大拇指在自己额头点一下，伸手在盘中撮一点炒面，或放入口中或撒向空中，然后抬起双手，手心向上，点头表示谢意。敬者左手托盘，右手以大拇指在自己额头上碰一下，同时再躬身一次，表示完成对一个人的敬献。敬献"修木尔"结束后，主人家还要敬酒。家人事先在酒瓶上缚以哈达，瓶口贴酥油一块。敬酒人左手持酒瓶、右手持镶银小木碗或小瓷龙碗盛酒敬客人，客人接酒以无名指蘸酒向空中弹抛三次，最后饮之。客人也将自己带来的马奶酒或青稞酒打开，相互敬酒。主人一般不喝，把包裹着哈达的美酒一一敬献给客人的时候，还要唱颂敬酒歌：

在那高高的雪山上，

白狮威武雄壮。

有缘相聚的兄弟们，

请接上德吉一饮而尽。

像金泉的水一样清澈纯净，

像草原上盛开的花儿一样美丽，

有缘相聚的兄弟们，

请接上德吉一饮而尽……

祝酒完成后，举行剪发仪式，首先剪发贵人开第一剪。根据惯例，实施首剪的人为贵人，一般选择与孩子属相相合、德高望重的人，他的属相必须是孩子属相后的第五个属相。由选定的剪发贵人举行首剪仪式，家人旁边张盘，盘中盛一把柄上拴有哈达的新剪刀，执首剪的人开始剪发时，也会有热心人纵情高歌，表达美好的祝福：

一月当中的良辰吉日，

请来尊贵的众亲属，

请来了体面的贵客，

请来了幸福的亲朋，

请来了富贵的友人，

盼到了最理想的时日，

盼到了万物欣欣向荣的季节，

盼到了最吉祥的日辰。

执首剪的人，手拿系着哈达的剪刀，边说祝词边剪一绺发，当地人称只有这样才能带给孩子好运：

温姆——

剪你乌丝般的长发，

祝你健康，祝你幸福，

打开白银般的剪刀口，

剪去你黝黑闪光的头发，

祝你长命百岁，祝你富贵长寿。

打开钢铁的剪刀口，

剪去你美丽发亮的头发，

祝你像松柏常青，祝你像西海永恒！

剪发贵人将首剪剪下的头发塞入事先预备好的哈达中，再搭在孩子的脖子上，之后的剪发人按照由亲及疏、由长到幼的顺序依次进行，边说祝词边剪，并当场给孩子许赠母马驹、母牛犊或母白羊，这些将成为孩子将来的财产。执剪贵人除携带哈达、酒、茶、衣服外，通常还送给孩子一只硕大的母羊，家人认为这关乎孩子将来家产的兴旺而对贵人赠送的礼物非常重视，决不会转手出售。小孩头上的乳发不能一次剪完，要为没能及时赶到的亲友预留。三天内还没剪完，由孩子的母亲最后全部剪掉，但对孩子的头型不作任何修饰，保留剪过的痕迹，以向本部族人宣示这个孩子举行了剪发仪式。待剪发结束，孩子的父亲会将剪下的头发用哈达包起来，悬挂在蒙古包左侧靠窗的木梁上。

剪发结束后，主人摆上全羊宴，招待客人。宴请的场面非常热闹，敬酒唱歌，气氛热烈。歌曲的形式从古老的长调短调，到蒙古族民歌、史诗片断，以及现代流行歌曲，一应俱全。酒席快要结束时，主人会再次端起"修木尔"向客人敬献，客人依次品尝后，意味着到了该离席的时候。在蒙古包外，主人已准备了"上马酒"，献给即将离去的客人，然后互致告辞和祝词。一连三天的狂欢酒宴，让所有的客人兴尽意足，隆重的剪发礼在热闹的气氛中宣告结束。

诚然，植根于人之头顶的头发，作为人身体显要的一部分，对它的信仰由来已久，在其基础上衍生出来的习俗文化也源远流长，人们的生活中，关于发式、发型、发色的讲究也不可枚举，在人类文化的发展中，它已演变成集民族文化、民族心理以及个性特征、审美意识等为一体的表征。目前，海西蒙古族当中保存并流传下来的剪发礼俗，不仅仅是关于人类头发文化的一种延续，也是生活在羌中道上的蒙古族在不同历史阶段与各种文化相互碰撞吸纳的一种体现。这种礼俗，在人生的启航阶段将生命的理解和生存的意思完美结合，将社会人的观念、理想、习惯，成人们希冀通过这次神圣而又诗意化的仪式，完成对孩子的身份转变。期间，大人们将满当当的祝福和希望赐给蹒跚学步的孩子们，愿他们像雄狮一样勇猛，像骏马一样矫健，像菩提树一样长青，长命百岁，象征吉祥如意的哈达和财富的母畜，寄寓着孩子在未来的成长中，用纯洁的心灵和健康的体魄开启人生的美好征程。

青海哈萨克礼俗

20世纪30年代，西部歌王王洛宾的一首《在那遥远的地方》，将青海哈萨克族拉进了人们的视野。据说王洛宾就是被哈萨克流浪者的歌声所吸引，常去他们那里汲取灵感，并以哈萨克当地曲调为基础，创作出这首民歌的①。

从历史上看，哈萨克族一直在中国境内的新疆、甘肃、青海一带迁徙留居，这一段恰好是丝绸之路的西段，也是中亚和西亚、欧

---

① 《王洛宾在那遥远的地方真相二——哈萨克歌曲素材来源》，http://blog. sina.com.cn/u/2848467484.

洲以及阿拉伯文化交汇的前沿地带，因此，哈萨克族的民俗文化可以看作是丝绸之路上各种民族文化交流融合的见证，而羌中道为这一民族文化进入柴达木盆地提供了必要条件。哈萨克族的族源可以追溯到古代的乌孙、康居和原在中亚一带的塞种、大月氏等。公元15世纪中期以后，哈萨克族逐渐壮大，在楚河至塔拉斯河一带建立了哈萨克可汗国。公元18世纪开始，哈萨克族被迫离开自己世代居牧的优美草原而西迁，陆续迁至我国新疆地区。民国时期，新疆的哈萨克族开始迁入甘肃、青海境内。在青海地区，他们游牧于海西州都兰、乌兰、格尔木、大柴旦、冷湖、茫崖和海南州兴海县一带。

哈萨克族以血缘、氏族或部落构成的生产生活为单位，称为"阿吾勒"，人们彼此之间有强烈的"血浓于水"的认同感。① 在哈萨克民族的历史上，他们不断经受到各方势力的侵压，为了谋求生路而四处迁移，生活颠沛流离，动荡不安。战争和天灾使哈萨克族面临人口数量的不断流失，同时造成了大批无家可归和失去双亲的孤儿出现。于是，面对流离失所、无家可归的落难者，哈萨克族的各个"阿吾勒"便形成了收留无家可归，收养孤儿的习惯。

按习俗，为了报答父母的养育之恩，哈萨克族新婚夫妇，一般情况下把自己生育的第一个孩子送给自己的父母，从而使孩子和祖父母或外祖父母之间的关系转变为父子或母女关系，与自己的亲生父母的关系转变为兄弟姐妹关系，他们之间相应的称谓也随之发生变化，此为哈萨克族一种特殊的亲属制度，叫"还子"习俗。对于"还子"的形成的原因，有两种观点，一是"父母年老以后，身边需要有小孩，这是一种天伦之乐，同时，也使年轻父母减轻抚养孩子

---

① 李景：《论哈萨克还子习俗及其成因》，《中南民族大学学报》（人文社会科学版），2003年第1期。

的负担。"① 二是"可能由本氏族、本部落和本民族生存发展义务抚养遗孤的悠久漫长、多灾多难的历史培养熏陶成的。"② 从现实的角度来看，这种习俗，即解放了年轻父母，他们可以一心忙于生计，也缓解老人的孤独感，使小孩小有所抚。可是当孩子长大后知道自己是"还子"时，对其的心理打击比较大。特别是被收养的家庭父母过世后，"还子"还是要回到亲生父母身边，此时，因为对亲生父母没有感情，往往会对他们产生排斥心理，不听他们的话，也不愿接受心灵的归依，往往感到无所适从。但任何民俗，自产生之后并非一成不变，而是在保持传统内核的时候，不断做出修正。像这种"还子"习俗，是在特殊的社会背景下，为了满足哈萨克族当时生产生活需求而产生的，曾经发挥了积极的作用，但随着社会不断发展，新时代语境下，空巢老人和留守儿童的问题日益凸显，这种习俗在顺应社会变迁的过程中，必然要适时地做出调整。

哈萨克族信仰伊斯兰教，部分也崇尚灵魂不灭的观念。葬礼基本上按照伊斯兰教教规进行的，过程大体上分为临终前请毛拉念经"赎罪"、整容、挂旗吊唁、报丧、奔丧、出殡、送葬、哀悼、祭祀等一系列活动，全部过程甚至要持续一年时间。其中"七日祭""四十日祭""周年祭"比较特殊，一般都会宰杀牲畜马和牛来祭祀。与其他少数民族不同的是，哈萨克人死后脸朝西安放，绑住下巴，再用洗干净的布遮盖住脸面，并用帷帐将遗体围挡起来，遗体在家停放三天，由近亲点灯守灵。每当有人前来吊唁与遗体告别的时候，通常是和死者的女亲属相互拥抱，一起唱挽歌，并通过这种哭唱的形式，

---

① 贾合甫、米尔扎汗著，夏里甫罕·阿布达里译：《哈萨克族的历史与民俗》，新疆人民出版社 1999 年版，第 270 页。
② 杨廷瑞：《哈萨克族游牧区的"阿乌尔"》，引自《新疆牧区社会》，农村读物出版社 1988 年版，第 220 页。

告诉人们死者的生平。吊唁结束后，按教规由信仰伊斯兰教的人用清水为亡者净身，再用白布裹身，安放在灵柩之内，最后举行祷告仪式进行土葬。

作为游牧民族的哈萨克人，其饮食习俗有着浓厚的游牧生活特点，主要食物都取自于家养的牲畜，日常生活的主食是奶类和肉类，面食为辅，很少吃蔬菜。肉类食品多以马、牛、羊肉为主，尤其视马肉为上等佳肴，也吃驼肉、鱼肉等。但禁止吃猪肉和狗肉，动物血以及自死动物之肉也在禁食范围内。哈萨克族有句俗语道："奶子是哈萨克的粮食"，因此哈萨克族的奶类食品多种多样，有熬制的奶茶，自制的酸奶、酥油、马奶酒等都是哈萨克族的特色奶类食品，其来源主要是羊、马、牛、驼等。

为了游牧生活的便利，哈萨克族的住居主要以容易搬迁的毡房为主，它以可就地取材的羊毛毡、红柳木栅栏等编制而成，其组装、拆卸都能在短时间完成，搬迁时用马或牛就可驮运。哈萨克族服饰富有浓郁的草原气息，明显地反映牧区特点及他们移居文化特征。衣服材质多用羊皮、狐狸皮、鹿皮、狼皮等，这是山地草原民族独有的生活特点。其服饰男女各异，独具特色，男子服饰宽大结实，便于骑马放牧。女子服饰色彩艳丽，样式繁多。女子出嫁前后的衣服样式及颜色也有所区别，多崇尚白色。

青海哈萨克族历经半个多世纪的曲折迁移生活，与当地的汉、藏、蒙古、回等民众有过密集的交往，在他们世代相传的文化里，既保留着游牧民族的文化本色，也有伊斯兰文化的传统习俗，这种多种文化的复合和交集，既是哈萨克文化的特征，也是哈萨克文化中密不可分的组成部分。即使在充满艰难的生活环境里，他们依旧坚守着这种本民族的传统，恪守彼此的归属感。在漫长的丝绸之路上，生息着多姿多彩的民族文化，而勤劳、勇敢和坚韧、执着的哈萨克族以及充满异域风情的哈萨克文化，以它独特的身姿和厚重的民俗民族文化，在这条通古达今的文化通道上发出灿烂光芒。